*Britney und Lynne Spears*
Britney Spears' Heart to Heart

Britney und Lynne Spears
in Zusammenarbeit mit Sheryl Berk

# Britney Spears' Heart to Heart

Die sensationelle Erfolgsstory des Megastars
erzählt von Britney und Lynne Spears

Aus dem Amerikanischen
von Sabine Reinhardus

**GOLDMANN**

Die Originalausgabe erschien 2000 unter dem Titel
»Britney Spears' Heart to Heart«
bei Three Rivers Press/Crown Publishing, New York

Deutsche Erstausgabe September 2000
Copyright © der Originalausgabe 2000
by Lynne Spears und Britney Spears
Copyright © der deutschsprachigen Ausgabe 2000
by Wilhelm Goldmann Verlag, München,
in der Verlagsgruppe Bertelsmann GmbH
Umschlaggestaltung: Design Team München
Umschlagfoto: Arnold Turner
Satz: Martin Strohkendl
Druck: Druckerei J.P. Himmer, Augsburg
Verlagsnummer: 44965
Redaktion: Marie-Luise Bezzenberger
RM · Herstellung: Sebastian Strohmaier
Made in Germany
ISBN 3-442-44965-0
www.goldmann-verlag.de

3 5 7 9 10 8 6 4

# Für Sandra

*Du bist mehr für uns als Schwester und Tante. Du bist unsere Inspiration.*

# Inhaltsverzeichnis

# Danksagung

Vielen Dank an alle, die zu diesem Buch beigetragen haben, indem sie uns ihre Zeit und Aufmerksamkeit gewidmet haben und ihre wunderbaren Erinnerungen mit uns teilten: Sheryl Berk; Larry Rudolph; Mark Steverson; Johnny Wright; Frank Weimann; Felicia Culotta; Kristin Kiser und das Personal bei Crown; Jamie, Bryan, Blaize und Jamie Lynn Spears; Sandra, Reggie und Laura Lynne Covington; Jill Prescott; und last not least alle Einwohner von Kentwood. Ohne euch alle hätten wir es nicht geschafft!

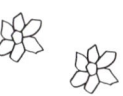

## Vorwort von Britney Spears

Wenn meine Mama ein Zimmer betritt, hat man das Gefühl, es würde heller werden. Sie strahlt eine wunderbare Wärme aus, und es ist das Schönste auf der Welt, in ihrer Nähe zu sein. Die Leute fühlen sich einfach zu ihr hingezogen, und alle Freunde halten ihr ein Leben lang die Treue – und noch darüber hinaus. Deswegen habe ich auch so ein Riesenglück, dass sie meine beste Freundin ist. Zwischen uns geschieht etwas ganz Seltenes; je älter ich werde, desto klarer erkenne ich es. Als ich aufwuchs, kannte ich so viele Mädchen, die sich die ganze Zeit mit ihren Müttern über alles Mögliche stritten: Über Jungen, Kleider, oder wann sie zu Hause sein mussten. Das machte mich so traurig, dass ich mir wünschte, alle hätten so eine Mutter wie ich. (Obwohl mein Bruder, meine Schwester und ich es schrecklich gefunden hätten, sie mit jemandem zu teilen!) Sie ist der stärkste, tapferste und großzügigste Mensch, den ich je kennen gelernt habe, und wenn nur ein kleines Bisschen davon auf mich abfärbt, kann ich wirklich mehr als zufrieden sein... In einem Interview wurde ich mal gefragt, was meiner Ansicht nach der Schlüssel zum Erfolg sei. Also, ich glaube, dazu braucht man drei wichtige Voraussetzungen: 1. Talent, 2. Den Glauben an sich selbst, 3. Jemanden, der fest an einen glaubt. Meine Mama war und ist dieser Jemand.

Ich wollte dieses Buch schreiben, damit die Leute verstehen, was für eine ganz besondere Beziehung wir haben, und wie sehr wir in den vergangenen Jahren aufeinander angewiesen waren, in guten wie in schlechten Zeiten (und es gab *wirklich* schlechte Zeiten). Ich hoffe, dass wir durch unsere Geschichte Mütter und Töchter dazu bewegen, einander ihre Herzen zu öffnen. Es wäre auch toll, wenn wir Jugendliche mit diesem Buch ermutigen könnten, ihre Träume zu verwirklichen und keine Angst vor hoch gesteckten Zielen zu haben. Ich selbst bin der lebende Beweis dafür, dass es möglich ist, Erfolg zu haben, ganz gleich, woher man kommt oder wie wenig Geld man hat. Als ich aufwuchs, war meine Familie nicht besonders reich, aber wir hatten einander.

Zu Hause reißen die Leute immer Witze darüber, dass meine Mama und ich jeweils die Sätze des anderen beenden können. Das stimmt wirklich – und außerdem ruft sie mich immer genau dann an, wenn ich sie am nötigsten brauche. Fragt mich bloß nicht, wie sie das fertig bringt; irgendwie spürt sie, wie es mir geht, auch wenn wir Tausende von Meilen voneinander entfernt sind.

Also sage ich jetzt gleich, wie sehr ich sie liebe, aber das weiß sie sowieso. ❁

Britney Spears

## Vorwort von Lynne Spears

Britney und ich würden alles füreinander tun. Nicht alle Mütter und Töchter haben eine so enge Beziehung wie wir, schon gar nicht, wenn die Töchter ins Teenageralter kommen. Das ist eine schwierige Zeit, in der viele Missverständnisse entstehen können. Die Leute sagen, die Kluft zwischen den Generationen sei daran schuld. Also, ich glaube das nicht. Wir haben es immer geschafft, unsere kleinen Meinungsverschiedenheiten aus der Welt zu räumen, um uns auf das zu konzentrieren, was eine gute Beziehung wirklich ausmacht – Liebe und Respekt für den anderen. Man kann sein Kind lieben, und man kann seine Mutter lieben (das ist schließlich nur natürlich), doch es ist ebenso wichtig, dass man sein Kind wirklich gern hat, und seine Mutter auch. Kinder machen Fehler. Sie tun Dinge, die sie lieber nicht tun sollten. Das ist nun einmal so. Aber haben wir nicht alle Fehler begangen, als wir heranwuchsen? Ich versuche immer, mich daran zu erinnern und so offen wie möglich zu bleiben. (Außerdem finde ich es toll, wenn Brit sagt, ich sei ›cool‹.) Vielleicht verstehe ich nicht alles, was sie mag oder tut (dieses Bauchnabel-Piercing ist mir zum Beispiel ein Rätsel!), doch ich habe ihr immer genügend Freiheit gelassen, um zu lernen, zu erforschen, zu wachsen. Was natürlich nicht heißen soll, dass ich mir keine Sorgen mache – das gehört ja letzten Endes zu den Aufgaben einer Mutter. Aber ich weiß, dass meine Tochter einen wachen Verstand und ein großes Herz hat, und die werden sie führen, wenn ich nicht bei ihr sein kann.

Ich will ganz bestimmt kein Lob für Britneys Erfolg. Den hat sie sich ganz allein erarbeitet. Ich habe nicht mehr für meine Tochter getan als jede andere Mutter, die es gut meint: Ich habe sie einfach auf ihrem Weg begleitet. Ich habe immer daran geglaubt, dass Britney großes Talent besitzt und dass sie etwas daraus machen sollte, wenn das ihr Herzenswunsch ist. Manche Leute haben gesagt, ich würde mich falsch verhalten und ihr falsche Hoffnungen machen, die ihr das Herz brechen würden. Welches Mädchen aus Kentwood, Louisiana, ist schon jemals zu einem Popstar geworden, und das mit gerade mal siebzehn Jahren? Doch dass es noch keiner vor ihr geschafft hatte, bedeutete noch lange nicht, dass Britney es auch nicht schaffen würde. Ich wusste, dass sich ihr viele Hindernisse in den Weg stellen würden, und ich habe mein Bestes getan, sie darauf vorzubereiten und ihr zu helfen, alle Hürden zu überspringen.

Ich bin Grundschullehrerin und unterrichte für mein Leben gern, deswegen möchte ich natürlich, dass jeder etwas aus unseren Erfahrungen lernt. Dieses Buch ist für mich eine wundervolle Gelegenheit, ein paar Dinge weiterzugeben, die ich gelernt habe, als ich Britney, ihren Bruder Bryan und ihre kleine Schwester Jamie Lynn großzog. Lektion 1: Mutter oder Vater zu sein bedeutet mehr, als nur bei den Hausaufgaben zu helfen, aufgeschürfte Knie zu küssen oder die Röteln zu überstehen. Es ist eine echte Lebensaufgabe, und zwar die anspruchsvollste – und lohnendste –, die Sie jemals haben werden. Lektion 2: Es gibt kein Lehrbuch darüber, wie man zu perfekten Eltern wird, und es gibt auch keine Regeln, nach denen man sich richten kann. (Dafür bin ich übrigens sehr dankbar, denn ich habe sie wahrscheinlich alle gebrochen.) Jedes Kind ist besonders und einzigartig, und Sie müssen einfach nur das tun, was Sie für richtig halten. Und schließlich Lektion 3: Es gibt keine größere Freude, als herauszufinden, worin der Sinn des eigenen Lebens besteht – außer vielleicht, jemand anderem bei der Suche danach zu helfen.

Für Britney und mich war es ein Vergnügen, dieses Buch zu schreiben. Wir haben in den letzten achtzehn Jahren so vieles miteinander geteilt und tun es immer noch - Sie sollten mal unsere Telefonrechnung sehen! Ich hoffe, dass Sie als Leser durch unsere gemeinsamen Bemühungen besser verstehen, wer Britney ist (und wer könnte sie besser kennen als ihre Mama?) und etwas über die Kraft der Liebe, des Vertrauens und der Familie erfahren. Wenn Sie an diese Dinge glauben und immer Ihrem Herzen folgen, dann gibt es für Sie keine Grenze außer den Himmel. �֍

Lynne Spears

*Britney Spears' Heart to Heart*

Was für
ein süßer
kleiner
Pirat!

# Mamas kleines Mädchen

Alle in unserer Familie bekamen immer nur Söhne. Meine Schwester Sandra und mein Bruder Bryan hatten beide Söhne, auch die Stiefgeschwister meines Mannes Jamie hatten alle Jungen. Wir machten immer Witze darüber, dass wir bald eine Baseball-Mannschaft aufstellen könnten.

Unser erstes Kind war Bryan, und er war ein richtiger Junge. Er war eine echte Sportskanone und wurde nacheinander Karate-Experte, erstklassiger Football- und Basketballspieler und schließlich Trainer. Mittlerweile ist er Direktor einer therapeutischen Einrichtung für Sportverletzungen. Als Britney vier Jahre nach ihm, am 4. Dezember 1981, geboren wurde (zufällig war Sandra zur gleichen Zeit mit Laura Lynne schwanger), können Sie sich vielleicht vorstellen, wie sehr ich mich freute: eine süße Tochter, die ich mit hübschen Kleidchen herausputzen konnte! Eine Tochter, mit der ich Tee-Partys veranstalten konnte, der ich das Haar flechten würde! Glücklicherweise war Brit ein typisches Mädchen. Sie sammelte Puppen (auch jetzt ist ihr Zimmer voller Vitrinen mit Dutzenden von Madame Alexanders, Porzellanpuppen und winzigen Miniaturschuhen), liebte Rüschenkleidchen und hatte ständig die Finger in meinem Make-up. Doch außer Zucker gab es auch jede Menge Pfeffer: Britney konnte einem ganz schön zusetzen.

Eines sollten Sie über Britney wissen: Ihr Wunsch, auf der Bühne aufzutreten, kam nicht plötzlich über Nacht. Wahrscheinlich hat sie schon darauf zugesteuert, seit sie zu laufen anfing. Das stimmt wirklich. Sie können jeden fragen, der sie noch aus Kentwood kennt; alle werden es Ihnen bestätigen: Schon als winziges Persönchen tanzte sie bereits zu Musik. Immer wieder dachte sie sich kleine Shows aus, die sie dann vor versammelter Familie und unseren Freunden aufführte und sich danach verbeugte wie ein Profi. (Und Gnade einem Gott, wenn man nicht alles stehen und liegen ließ, um ihr zuzusehen!) Britney war immer ein fröhliches Kind, doch am glücklichsten war sie, wenn sie auftrat. Ich glaube, sie wäre sogar vom Dach gesprungen, wenn sie geglaubt hätte, dass sie dafür Applaus bekommen würde.

Dabei beschränkte sie sich jedoch keineswegs aufs Tanzen. Brit sang auch, und das den lieben langen Tag. Sie hüpfte auf dem Trampolin und sang dazu. Sie sprang Seil und sang dazu. Sie machte einen Kopfstand und sang dazu. Sie sang im Auto, sie sang in unserem Garten, ja, sie sang sogar auf dem Küchentisch meiner Schwester Sandra. Aber am liebsten sang sie in der Badewanne, denn dort war die Akustik – wie sie mir erklärte –›einfach Wahnsinn‹.

Bei uns zu Hause hörte man Country-Musik. Die Stars hießen Dolly Parton, Loretta Lynn, Reba McEntire. Wir kommen aus einer ländlichen Gegend, und unser Städtchen hat nur etwa zweitausend Einwohner. Es gibt dort jede Menge Farmen, Pferde, Kühe, grüne Hügel und rote Erde; Country-Musik saugt man mit der Muttermilch ein, sie gehört einfach dazu, genau wie Buttermilch-Bisquits, Maisbrot und Hafergrütze. Ich persönlich habe mir allerdings nie sehr viel aus dieser Musik gemacht, vielleicht weil meine Mutter aus England stammt. Ich hörte lieber Popmusik.

Wenn ich Auto fuhr, hörte ich immer die Hits der Top Forty und drehte das Radio dabei voll auf. Britney fand das toll. Sie sang bei Madonna, Michael Jackson, Whitney Houston und Mariah Carey mit. Das waren ihre ersten Gesangsstunden. Sie konnte jeden Sänger imitieren, ohne einen einzigen falschen Ton.

*Nachdem in unserer Familie immer nur Söhne geboren wurden, können Sie sich bestimmt vorstellen, wie begeistert meine Schwester Sandra und ich von unseren Töchtern waren! Hier sind wir mit unserer Mama zu sehen. Ich sitze rechts und bin mit Brit schwanger; Sandra sitzt zwischen uns, sie erwartet Laura Lynne.*

## Mein kleiner Stern

*Von Lynne Spears*

*Der Winter ist vorbei,*
*Der Frühling ist da.*
*Das Leben ist so schön,*
*Es ist ein neues Jahr.*

*Sie ist das große Geschenk,*
*Das der Frühling gebracht*
*Es ist schön, zu sehen*
*Wie sie singt und lacht.*

*Grausame Welt,*
*Schone mein Sternenkind,*
*Dem Verstand und Schönheit*
*In Fülle gegeben sind.*

*Zwei, einander so nah —*
*Wie wunderbar.*
*Unsere Nähe*
*Erfüllt mich ganz und gar.*

*(Geschrieben, als Britney noch ein Kleinkind war.)*

Nachdem wir Britney erst einmal zum Singen gebracht hatten, war sie nicht mehr zu bremsen – obwohl Bryan, ihr Vater, Jamie und ich manchmal um ein bisschen Ruhe bettelten! Das Singen gehörte einfach zu ihr, es war ihre Art, sich auszudrücken. Was waren wir doch für eine verrückte Familie: Bryan kletterte auf dem Dach herum und spielte Ninja-Jäger, während Britney im Wohnzimmer sang und Rückwärts-Überschläge übte. An Fantasie hat es meinen Kindern wirklich nie gefehlt!

Jedes Vorschulkind braucht ein Ventil für seine Kreativität. Manche bauen große Städte aus Bauklötzen, andere stecken ihre Puppen in die unmöglichsten Kleider oder, Gott bewahre, verzieren die Wände mit farbenfrohen Malereien (eine Spezialität von Brits kleiner Schwester Jamie Lynn.) Dann fragt man sich als Mutter: »Wenn ich ein bisschen nachhelfe, könnte dann ein Architekt, eine Modedesignerin oder ein Nachwuchs-Picasso aus meinem Kind werden?« Diese Vorstellung gefällt einem natürlich, man ist schließlich die stolze Mama oder der stolze Papa, und manchmal ist es schwer zu sagen, wer nun eigentlich die ausgeprägtere Fantasie hat: die Eltern oder die Kinder. Es ist nicht leicht, echte Begabung zu erkennen (wofür zahlt man den Talentsuchern in Hollywood wohl sonst so gewaltige Summen?) und Nachhelfen ist noch schwieriger. Versuchen Sie mal, Ihr Kind dazu zu überreden, die Tonleiter zu üben, wenn auf MTV gerade *Total Request Live* läuft. Ein echter Balanceakt. Wenn Sie zu unnachgiebig sind (»Du wirst jetzt gefälligst auf der Stelle Klavier üben, junge Dame!«), wird die Übungs-stunde zur Qual, und das Kind entwickelt einen Hass auf das Klavier, oder, noch schlimmer, auf Sie. Doch wie soll sich ein Talent entwickeln, wenn Sie überhaupt nicht nachhelfen?

Deswegen mein Rat: Fragen Sie Ihr Kind, ob es wirklich und ganz ehrlich Spaß an Musik, Kunst, Fußball, Turnen oder sonst etwas hat. Wenn es das tut – und wenn es gut darin ist – dann helfen Sie ihm dabei, noch besser zu werden. Aber überlassen Sie die Entscheidung immer Ihrem Kind. Sollten Sie einmal vor der schwierigen Wahl zwischen dem neuesten Backstreet Boys-Video und der Tonleiter stehen, versuchen Sie es mit einem Kompromiss: »Üb' doch deine Tonleiter, *nachdem* du ferngesehen hast.« Dann sind alle zufrieden. ❈

»*Andere Kinder spielten mit Puppen. Britney wollte nur singen und tanzen und Theater spielen. Irgendwie schaffte sie es immer, dass ich mitmachte. Es hatte überhaupt keinen Sinn, mit ihr zu diskutieren – sie überredete mich jedes Mal.*« – Kasie Smith, eine Freundin

# Applaus, Applaus

Ich inszenierte immer Konzerte im Badezimmer. Wir hatten dort einen besonders großen Spiegel, und ich stellte mich auf den Rand der Badewanne (das war die Bühne), reihte meine Puppen und Stofftiere auf dem Boden auf (meine Fans, die mich anbeteten), schnappte mir eine Shampooflasche (mein Mikrofon) und gab eine Nummer zum Besten. Ich beobachtete mich dabei im Spiegel, überprüfte kritisch mein Lächeln und warf der Menge Kusshände zu. Die Tür hatte ich vorsichtshalber abgeschlossen, und wenn meine Eltern oder mein Bruder dagegen hämmerten und mich herauslocken wollten, hatten sie eben Pech gehabt. Ich blieb stundenlang im Badezimmer und tat so, als sei ich der größte Star der Welt – noch größer als Madonna. Mit voller Lautstärke sang ich jedes Lied, das ich kannte (und sogar ein paar Songs, die ich nicht kannte). »Brit-Brit, bitte, nicht so laut!«, bat Mama dann. Bryan war erheblich direkter: »Britney, du hältst da drin jetzt sofort die Klappe!« Aber ich wusste es besser: Das Publikum auf den hinteren Rängen meiner imaginären Konzerthalle musste mich schließlich auch laut und deutlich hören können.

Ich glaube, meine Familie schenkte meiner Leidenschaft für die Bühne anfangs nur wenig Beachtung; sie hielten das für ein Übermaß an Fantasie und Energie. Aber ich kann mich erinnern, wie ich mit drei Jahren im Garten auf dem Trampolin herumhüpfte und dazu ein Lied von Sinéad O'Connor sang. Plötzlich kam meine Mutter vorbei. Sie blieb stehen und musterte mich verblüfft. »Mein Gott, Brit«, sagte sie schließlich, »du kannst ja *wirklich* singen!« Sie nahm mich mit ins Haus, und ich musste ihr und meinem Bruder das ganze Lied vorsingen. Beide waren ziemlich überrascht. Am gleichen Tag, als ich später zum Turnunterricht ging, bat Mama meine Lehrerin, Miss Gigi, sich anzuhören, wie ich zur Musik im Radio sang. Miss Gigi bekam richtig große Augen, und Mama lächelte und sagte: »Was habe ich Ihnen gesagt?«

Ich weiß, dass viele kleine Mädchen davon träumen, eines Tages ein Star zu sein, und ich bin mir nicht sicher, woran meine Mutter erkannt hat, dass es sich bei mir nicht nur um eine vorübergehende Phase handelte. Ja, ich hatte Talent, aber es gibt viele, die Talent haben. Talent allein ist nicht genug, das kann ich euch versichern. Damit Träume Wirklichkeit werden, muss man viel mehr können, als den richtigen Ton zu treffen.

Zum Beispiel braucht man Menschen, die einen unterstützen. Meine Familie ist von Anfang an für mich da gewesen. Meistens sind es die Eltern, die die Kinder anspornen, aber in meinem Fall war es genau umgekehrt. Meine Eltern haben eine Menge für mich geopfert – besonders meine Mutter. Sie hat mich immer zum Unterricht gefahren, lauter geklatscht als alle anderen (auch wenn ich auf der Bühne alles vermasselt habe; dann war ich immer untröstlich!) und mir gesagt, wie stolz sie auf mich ist. Immer wenn's mir schlecht geht, weiß ich, wen ich anrufen muss – meine Mama. Meinen Optimismus und meine Unbeirrbarkeit habe ich ganz bestimmt von ihr, denn sie hat mich als Erste ernst genommen und gesagt: »Was immer du träumst, kannst du auch erreichen.« Ich habe ihr geglaubt. Sie hat von Anfang an begriffen, wie wichtig meine Ziele für mich waren, und sie hat sie nie in Frage gestellt. ✱

»Ich saß im Wohnzimmer der Spears und dachte, das Radio sei besonders laut aufgedreht. Es war aber gar nicht das Radio, wie sich herausstellte – es war Britney, die im Badezimmer sang.« – Ginger Simmons, eine Freundin

22

Schon als kleines Mädchen sang Britney sehr gern. Mit vier Jahren trat sie in meiner Schule vor den ältesten Kindern des Kindergartens und ihren Verwandten auf.

Mit fünf Jahren schloss Britney den Kindergarten ab. Ich habe ihr immer gesagt, dass die Schule genauso wichtig sei wie Tanzen und Singen.

# Wir kämpfen uns gemeinsam durch

Ich merkte von Anfang an, dass es für Britney sehr wichtig war, aufzutreten. Sie nahm es sehr, sehr ernst. Schon mit drei Jahren trat sie mit ihrer Kusine Laura Lynne bei einer Tanzaufführung auf - ich erinnere mich noch genau an die kleinen Tiaras und die Trikots aus Goldlamee. Britney forderte die anderen kleinen Mädchen immer wieder auf, sich in einer geraden Reihe aufzustellen, sonst würden sie den ganzen Auftritt verpatzen. Nicht, dass sie die anderen herumkommandieren wollte (obwohl, ein bisschen wollte sie das vielleicht schon...), sie wollte einfach nur, dass ihr Auftritt perfekt war. Ihre Ansprüche an sich selbst waren sehr hoch; sie gab sich niemals mit halben Sachen zufrieden.

Britney hatte auch eine gewisse Ausstrahlung. Sie posierte gern. Selbst auf ganz frühen Fotos, als sie erst ein oder zwei Jahre alt war, hat sie die Hände an die Hüften gelegt, die Lippen geschürzt, und wirft sich vor der Kamera in Positur. Sobald sie die Bühne betrat, beherrschte sie das Publikum. Mit vier Jahren gab sie ihr Solo-Debüt: Sie sang »What Child Is This?« bei der Weihnachtsaufführung der Vorschule unserer Baptistengemeinde in Kentwood. Die ganze Stadt redete nur noch davon, wie fantastisch Brit gewesen war. Sie hatte einfach alle umgehauen.

Ich hatte von Anfang an das Gefühl, dass ich ihr dabei helfen sollte, ihre Träume zu verwirklichen, wenn sie wirklich in diese Richtung gehen wollte. Doch es gab ein großes Problem: Wir hatten nicht viel Geld, und Gesang- und Tanzstunden waren teuer. Man liest immer diese ›Vom Tellerwäscher zum Millionär‹-Geschichten und denkt: »Na ja, so schlimm wird's ja nicht gewesen sein.« Ich kann Ihnen eines versichern: Für uns war es schlimmer als schlimm – es war ganz einfach entsetzlich.

Anfangs lief alles noch so leidlich. Wir hatten ein Haus und ein Auto und konnten uns nicht beklagen. Aber ungefähr ab 1990 – und bis vor ein, zwei Jahren – lief das Auftragsgeschäft meines Mannes Jamie nur schleppend. Wir waren mit einem Mal knapp bei Kasse. Mein kleines Erzieherinnengehalt von der Kindertagesstätte der Schule half da auch nicht mehr viel. Außerdem hatten wir viele Ausgaben für Ärzte und Medikamente, denn Bryan litt als Kleinkind unter schwerem Asthma. Einmal hatte er sogar einen so schweren Anfall, dass er ins Krankenhaus nach New Orleans geflogen werden musste. Das war sehr beängstigend – und sehr teuer. Die Rechnungen flatterten ins Haus, und wir konnten sie nicht bezahlen. Das Elektrizitätswerk drohte, uns den Strom abzustellen, und die Telefongesellschaft fackelte auch nicht lange und legte unseren Anschluss lahm. Als die Heizung kaputtging, konnten wir die Reparatur nicht bezahlen, also heizten wir zwei Winter lang mit winzigen Benzinheizkörpern. Manchmal war es so kalt, dass wir unseren Atem sehen konnten. Die Speisekammer war oft leer, und an manchen Tagen hatten wir nur Eiskrem im Kühlschrank.

Wir waren unseren Kindern gegenüber immer ehrlich, was unsere finanzielle Situation betraf. Jamie und ich sind der Ansicht, dass man in einer Familie keine Geheimnisse voreinander haben sollte. Wenn es ein Problem gibt, dann ist es ein Problem für alle. Als die Kinder ein bisschen größer waren, begriff Brit, dass sie babysitten musste, wenn sie eine neue Puppe haben wollte. Brauchte Bryan neue Turnschuhe, fingen wir schon Monate vorher an zu sparen, damit er sie rechtzeitig zur neuen Saison kaufen konnte, und er musste im Fischrestaurant seiner Großmutter aushelfen, um auch etwas Geld zu verdienen. Taschengeld war bei uns unbekannt. Wo sollte es denn herkommen? Brit und Bry bekamen jeden Tag zwei Dollar fünfzig für das Schulessen, und das war schon schwierig genug.

Vielleicht waren wir so erfindungsreich, weil unsere wirtschaftliche Lage uns dazu zwang. Kennen Sie die Muttis im Fernsehen, die immer diese niedlichen Schürzen tragen und unentwegt Kekse und Brownies backen? Also, das können Sie vergessen. Die meisten Zutaten waren für uns unerschwinglich, also machten wir stattdessen kleine Leckereien aus Eiskrem.

Britney wollte sich genauso cool anziehen wie die anderen Mädchen in ihrer Klasse, und sie wurde zum wahren Einkaufsgenie. Sie stellten sich aus den Sonderangeboten und in den Billigketten tolle Outfits zusammen, die superteuer aussahen und in Wirklichkeit bloß zwanzig Dollar gekostet hatten. Um ehrlich zu sein, ich glaube, auf diese Art hat sie ihr heutiges modisches Gespür entwickelt. Labels sind für Britney immer noch nicht wichtig – sie fühlt sich in ihren abgetragenen Levi's genauso wohl wie in einem Overall von Chloé, den sie auf einer Preisverleihung trägt. Und sie macht gern ein Schnäppchen, genau wie ihre Mama.

Ich erinnere mich, wie wir – Jamie, Bryan, Brit und ich – bei einer kleinen Familienkonferenz beschlossen, dass Britney so viel Unterricht haben sollte, wie sie brauchte, koste es, was es wolle. So sehr glaubten wir alle an ihr Talent. Also kratzten wir unsere letzten Pennys zusammen und sparten, damit sie Stunden nehmen konnte. Britneys Lehrer waren alle sehr verständnisvoll und geduldig; ich durfte den Unterricht immer eine oder zwei Wochen später bezahlen.

Im Nachhinein frage ich mich manchmal, wie wir es geschafft haben. Aber so schlimm unsere Situation auch war, wir haben doch etwas daraus gelernt. Gott hilft allen, die sich selbst helfen. In Zeiten der Not haben wir als Familie zusammengehalten, und allein das Wissen, dass wir fünf die Lage zusammen meistern würden (ganz zu schweigen von Verwandten und Freunden, die uns stets Hilfe und abgelegte Kleidung anboten) gab uns die Kraft zum Durchhalten. Die Farbe mochte von den Wänden abblättern, das Wasser aus den undichten Rohren tropfen, Möbel und Teppiche mochten sich in ihre Bestandteile auflösen, doch was Liebe und Beistand anging, waren wir die reichsten Menschen in ganz Kentwood. Britney brauchte nicht viel Geld, um von der Zukunft zu träumen – Träumen ist ja schließlich immer noch umsonst –, und ich bin froh, dass sich unsere Kleine so hohe Ziele gesteckt hat. ✿

»Britney war ungefähr sieben Jahre alt und spielte in unserem Haus. Alles, was ich denken konnte, war: ›Sitzt denn dieses Kind nie still?‹« – Margaret Smith, eine Freundin

*Ich habe für mein Leben gern getanzt, und meine Kusine Laura Lynne (links) ebenfalls. Waren wir nicht niedlich in unseren Trikots, bei einem unserer ersten Auftritte? Ich glaube, wir waren damals ungefähr sechs Jahre alt.*

# 2

*Folge deinem Herzen*

# Ich will tanzen!

Was tut man, wenn das eigene Kind Träume hat, die die Möglichkeiten der Eltern sowohl in zeitlicher als auch in finanzieller Hinsicht übersteigen? Man muss sorgfältig abwägen und letztendlich entscheiden, ob es das Opfer wert ist. Wir fanden, es wäre es wert. Vielleicht hätten andere Eltern in unserer Lage entschieden, dass der Unterricht zu teuer sei, und damit wäre die Sache zu Ende gewesen. Doch wir wollten in Britneys Zukunft investieren. Wie hätten wir ihr *nicht* dabei helfen können, ihre Ziele zu erreichen? Es war deutlich zu sehen, wie gern Brit auftrat, und es hätte mir das Herz gebrochen, ihr diesen Weg zu verbauen. Ich sagte immer wieder zu ihr: »Mach dir keine Sorgen wegen des Geldes. Gib einfach dein Bestes.« An Träumen sollten niemals Preisschilder hängen. Ich glaube daran, dass man alles schaffen kann, wenn man es sich von ganzem Herzen wünscht. Und wir haben es geschafft.

Mit zwei Jahren nahm Britney ihre ersten Tanzstunden an der Renee Donewar Dance School in Kentwood. Damals waren dort lauter kleine Mädchen, fast noch Babys, die in Ballettröckchen zur Musik herumwirbelten. Während der Proben weinten die meisten oder liefen von der Bühne und suchten nach ihren Mamas. Nicht so Brit: Sie übte ihre kleinen Pirouetten und Sprünge, streckte die Zehen und bog graziös die Arme. Wenn der Unterricht zu Ende war, und ich ihr aus Leibeskräften applaudierte, knickste sie zierlich. Miss Renee erkannte sofort, dass Britney ein außergewöhnliches Kind war. Brit liebte den Unterricht. Sie gewann sogar einen Preis als Beste Schülerin, und wenn sie auch nur eine einzige Stunde versäumte, weinte sie herzzerreißend. Als sie ungefähr sechs Jahre alt war, schlug ich vor, dass wir sie an einem Talentwettbewerb teilnehmen lassen sollten. Das taten wir dann auch, nur so zum Spaß. Sie gewann, und ich weiß nicht mehr, wer mehr weinte, sie oder ich.

Zur gleichen Zeit nahm sie an einem Schönheitswettbewerb teil, wie so viele andere kleine Mädchen auch. Doch was ich dort sah, schockierte mich. Die Mütter erzählten ihren Töchtern, hübsch auszusehen sei das Wichtigste auf der Welt! Ich fand diese Einstellung absolut ungesund für Kinder, und Britney machte nie wieder bei so etwas mit. Als sie wissen wollte, warum (ich glaube, es gefiel ihr, sich schöne Kleider anzuziehen und Make-up zu tragen), antwortete ich: »Schatz, ich möchte auf keinen Fall, dass du glaubst, das Äußere eines Menschen sei wichtiger als das, was er denkt und fühlt.« Und was mussten die kleinen Mädchen empfinden, die nicht gewannen? Sie gingen nach Hause und dachten: »Ich bin nicht hübsch genug.« Wenn man einen Talentwettbewerb verliert, kann man etwas dagegen tun. Die Kinder werden angespornt, fleißiger zu üben und härter an sich zu arbeiten. Doch wenn man einen Schönheitswettbewerb verliert - woran soll man dann härter arbeiten? Schöner zu werden? Ich glaube, so etwas kann das Selbstvertrauen eines Kindes für das ganze Leben zerstören.

*Was sollte ich nur mit all den Turnpreisen von Brit machen? Alle meine Kinder haben immer Trophäen und Auszeichnungen nach Hause gebracht. Darauf ist man als Mutter wirklich stolz.*

Eine Zeit lang habe
ich wohl geglaubt,
ich würde mal eine welt-
berühmte Kunstturnerin
werden, aber ich habe so
gerne getanzt, und beides
ging eben nicht. Manchmal
muss sich ein Mädchen
entscheiden, was das
Wichtigste in ihrem
Leben ist!

Als Brit sieben Jahre alt war, wurde sie immer besser im Turnen. Also nahm sie zusätzlich zu den Tanzstunden auch noch Turnunterricht. Der Unterricht fand in Covington statt, eine Stunde von Kentwood entfernt, und ich fuhr sie fünf Mal die Woche hin. Ich war damals berufstätig; ich leitete einen Kindergarten, und es war wirklich nicht leicht. Ständig hasteten wir zu irgendeinem Unterricht. Alle Nachbarn halfen mit, sie passten auf Bryan auf, während ich weg war, oder sie fuhren Britney zum Unterricht, wenn ich keine Zeit hatte.

Schon bald tat sich Britney im Turnen wirklich hervor. Sie gewann in ihrer Altersgruppe bei den Louisiana State Gymnastics. (Damals zeigte sie zum ersten Mal ihre inzwischen berühmt gewordenen Rückwärts-Überschläge.) Ihr Lehrer empfahl uns einen neuen Trainer, und der Unterricht wurde immer strenger und anspruchsvoller. Als ich Britney eines Tages vom Turnunterricht nach Hause fuhr, konnte ich sehen, dass sie unglücklich war. Ich fagte: »Britney, mein Schatz, was ist denn los? Hast du Kummer?« Sie erwiderte: »Mama, ich will nicht mehr zum Turnen. Das ist so schwer.« Sie wollte das Turnen aufgeben und nur noch tanzen.

Ich wusste nicht, was ich tun sollte. Sollte ich sie ermutigen, dabeizubleiben? Sie gehörte zu den Besten in ihrer Gruppe, ich wusste also, dass es nicht daran lag, dass sie Angst hatte, zu versagen. Ich wollte, dass sie glücklich war, doch alle hatten uns gesagt, wie talentiert Britney sei, und was für eine glänzende Zukunft vor ihr läge – vielleicht sogar Goldmedaillen, wenn sie hart genug trainierte.

Es half mir bei meiner Entscheidung, dass ich mit Bryan bereits etwas Ähnliches durchgemacht hatte. Es gab keine Sportart, in der er nicht gut war, doch er hatte mit Baseball aufgehört, weil er lieber Football und Basketball spielen wollte. Es ging um seine persönlichen Vorlieben. Dies war eben Britneys persönliche Vorliebe. ❈

*»In der Grundschule ließ ich die Kinder zu einem Wettrennen antreten. Britney rannte schneller als alle anderen Mädchen. Dann ließ ich sie gegen die Jungen laufen, und sie überholte sie alle. Sie liebte Herausforderungen. «* – Pam Spiers, Sportlehrerin an Britneys Grundschule

# Tu das, was du wirklich willst

Ich glaube, meine Mutter hat sich Sorgen gemacht, dass ich das Turnen nur aus einer Laune heraus aufgeben wollte – weil ich einen schlechten Tag gehabt hatte oder müde war –, und dass ich meine Meinung wieder ändern würde. Kinder sind ja manchmal launisch und unbeständig. Aber ich nicht. Schon als kleines Mädchen wusste ich immer ganz genau, was ich wollte. Ich war mir ganz sicher, dass das Turnen nicht das Richtige für mich war. Es machte mir einfach keinen Spaß mehr. Nach dem Unterricht stellten sich die anderen Mädchen auf die Waage, und wenn sie nur ein einziges Pfund Übergewicht hatten, drehten sie total durch. *Ohne mich, besten Dank!* Obwohl ich von Natur aus dünn war, aß ich gerne. Ich wusste, dass der Unterricht mit der Zeit immer anstrengender werden würde. Wenn es mir wirklich am Herzen gelegen hätte, wäre das auch in Ordnung gewesen. Aber ich habe beim Turnen nie dasselbe gefühlt wie beim Tanzen und Singen.

Es ist toll, wenn die Zuhörer auf meine Musik reagieren, wenn sie mitsingen und -klatschen. Manchmal sind die Scheinwerfer so grell, wenn ich auf der Bühne stehe, dass ich kein einziges Gesicht im Publikum erkennen kann. Aber ich kann sie alle *fühlen.* Wenn du auf einer Bühne stehst, gibt es nichts Schöneres als zu wissen, dass deine Zuhörer dich verstehen. Es ist wie eine plötzliche Verbindung, stark und bereichernd. Es hat mich damals begeistert, und es begeistert mich immer noch. Man muss das tun, was einen glücklich macht.

Ihr wisst schon, was ich meine: Jeder von uns kennt diese rauschhafte Freude, wenn man etwas tut, was man besonders gut kann. Vielleicht überkommt euch dieser Rausch, wenn ihr das entscheidende Tor schießt oder die Hauptrolle in einer Schulaufführung bekommt. Vielleicht gibt es für manche nichts Schöneres, als eine wahnsinnig schwere Matheaufgabe zu lösen. Man sollte sich für das entscheiden, was einem das Gefühl gibt, der Größte zu sein – auch wenn eure Freunde vielleicht eine andere Wahl treffen. Obwohl viele meiner Freundinnen gern zum Turnen gingen, war das für mich nicht der ausschlaggebende Grund, auch damit anzufangen, und als ich mit dem Turnen aufhörte, um zu tanzen, habe ich dabei nicht an meine Freundinnen gedacht. Ich hatte einfach ein gutes Gefühl bei dieser Entscheidung, und heute weiß ich, dass es richtig war. ❉

*»Wenn Britney einmal einen Entschluss gefasst hat, sollte man sich vorsehen. Geht einfach ein paar Schritte zur Seite und macht meiner Schwester ein bisschen Platz.«*

– Bryan Spears, Britneys großer Bruder

Auf diesem Bild kann man es nicht erkennen, doch als sie klein war, hatte Britney meistens ziemliche Angst vor dem Weihnachtsmann. Aber ich weiß noch genau, wie gut ihr die Geschenke gefielen!

# Eine Mutter in der Zwickmühle

Alle Eltern kennen wahrscheinlich den Zwiespalt, in dem man sich ab einem bestimmten Punkt befindet: Wie sehr soll man nachhelfen, wenn man sieht, dass die eigene Tochter begabt ist? Wie weit soll man sie ermutigen, ihr Talent auszuloten? Als ich zuließ, dass sie das Turnen aufgab, machte ich mir Sorgen, ob ich Britney gegenüber richtig gehandelt hatte. Wie konnte sie mit neun Jahren eine so weit reichende Entscheidung treffen? Doch über kurz oder lang läuft alles auf eines hinaus: Sie müssen Ihr Kind kennen, und Sie müssen seinen Instinkten vertrauen. Der größte Fehler, den man machen kann, besteht darin, dass man nicht auf das achtet, was der Sohn oder die Tochter fühlt. Ich machte mich monatelang selbst mit ›Und was ist, wenn...?‹ und ›Was wäre gewesen, wenn...?‹ fertig. Aber eines haben Britney und ich aus dieser Erfahrung gelernt: Man kann nur dann erfolgreich sein, wenn man etwas hundertprozentig will, man muss ein wirkliches Bedürfnis und einen brennenden Wunsch verspüren, genau dies zu tun. Und man muss ein glückliches und sehr lebendiges Gefühl dabei haben, wenn man es tut.

Falls Sie sich jemals fragen sollten, ob der Ballettunterricht, die Zeichenschule oder das Karatetraining das Richtige für Ihr Kind sind und ob Sie es zum Weitermachen überreden sollten oder nicht, sprechen Sie mit ihm darüber. Am besten fragen Sie Ihr Kind selbst, *warum* es aufhören möchte, (»Ich bin zu faul« reicht nicht als Begründung) und verhalten sich dann entsprechend. Nehmen wir einmal Jamie Lynns Fall: Sie geht gern zum Turnen und ist sehr gut, doch im letzten Jahr hat sie plötzlich beschlossen, mit dem Training aufzuhören. Wir haben darüber geredet, und es stellte sich heraus, dass ihre Freundinnen in einer anderen Gruppe waren. Also brachten wir sie in dieser Gruppe unter, und jetzt ist sie wieder glücklich und zufrieden. Ich glaube, am wichtigsten ist es, Ruhe zu bewahren, wenn Ihr Kind plötzlich aufhören möchte, und darüber zu reden. Schreien und Drohen hilft gar nichts.

Ich brauchte Britney nur anzusehen, um zu wissen, dass es richtig gewesen war, das Turnen aufzugeben. Britney war ein sehr schüchternes Kind, doch sobald sie die Bühne betrat, wurde sie ein anderer Mensch. Im Alltag fürchtete sie sich vor ihrem eigenen Schatten – ganz zu schweigen von Spinnen oder dem Weihnachtsmann. Doch im Rampenlicht wurde sie zu einer anderen, starken Persönlichkeit, faszinierend und extrovertiert. Es war, als spielte sie eine Rolle in einem Theaterstück: Sie war nicht mehr Britney, sondern jemand anderes. Aber das geschah nur, wenn sie ein Lied vorzutragen oder einen Text zu lesen hatte. Sobald sie vor Publikum über sich selbst reden musste, bekamen wir ernsthafte Schwierigkeiten. Wenn ich sie bat, sich dem Publikum vor ihrem Auftritt vorzustellen, bettelte sie: »Oh Mama, nein! Bitte nicht!« Sie konnte nicht einmal ihren Namen sagen, ohne rot zu werden. Doch sobald die Musik einsetzte, erwachte eine neue Britney zum Leben, eine lächelnde Britney voller Energie und Charme. Anfangs sagte ich ihr noch, wie sie sich zu den Liedern bewegen sollte. Mit einem Mal war das nicht mehr nötig – sie interpretierte das Lied selbst. Sie wusste genau, wie man etwas verkauft, sie war wie geschaffen für die Bühne. Ich blickte sie verwundert an und dachte: »Ist das wirklich meine Britney?« Ihre Schüchternheit war wie weggeblasen. ❊

»Ich glaube, Brit verdankt ihrer Mama viel von ihrer Kraft. Lynne gehört zu den Leuten, die einfach nichts aufhalten kann, nicht einmal ein Auto, das nicht anspringt (sie steigt einfach aus und schiebt) oder Rechnungen, die sich bis zur Decke stapeln. Die beiden glauben fest daran, dass man die sauren Zitronen, die das Leben für einen bereithält, einfach auspressen muss, und schon wird Limonade daraus.« – Margaret Smith, eine Freundin

»Sie ist echt klasse und eine tolle Sängerin und Schwester. Wenn ich groß bin, möchte ich genauso werden wie sie.« – Jamie Lynn Spears, Britneys kleine Schwester

## *Auch Stars kriegen manchmal weiche Knie*

Ich müsste lügen, wenn ich behaupten würde, vor einem wichtigen Wettbewerb oder Auftritt noch nie nervös gewesen zu sein. In den paar Minuten, ehe der Vorhang aufging oder der Ansager mich vorstellte, spürte ich, wie mir die Knie schlackerten. Manchmal geht mir das heute noch so. Aber irgendwie schaltet sich dann der Autopilot ein: Ich fange einfach an zu singen und zu tanzen, und die Schmetterlinge im Bauch flattern davon. Vielleicht kommt das davon, dass ich absolut konzentriert bin. Solange man sichvöllig auf eine Aufgabe konzentriert, hat man gar keine Zeit, Angst zu haben. Ich spüre die Energie im Publikum, und auch das hilft mir. Wenn alle klatschen, ist es unmöglich, sich nicht davon mitreißen zu lassen. Ich fühle mich so toll, dass ich ganz vergesse, nervös zu sein.

Ich habe es immer geschafft, meine Ängste und Zweifel zu überwinden. Ich finde, man lässt entweder zu, dass diese Gefühle einen behindern, oder man sagt ihnen klar und deutlich, dass sie abhauen sollen. Es liegt nur an einem selbst. ❊

# Ihren Jahren weit voraus

Britney war schon immer reif für ihr Alter. Unsere Freundin Felicia sagt, sie habe eine ›alte Seele‹. Ich habe mich oft gefragt: »Wie kann jemand gleichzeitig so jung und so weise sein?« Nicht viele Kinder bringen so viel Disziplin auf, und ehrlich gesagt frage ich mich manchmal, woher Britney das hat. Ganz bestimmt nicht von mir! Ich *sage* immer, dass ich heute ins Fitnessstudio gehe, aber meistens wird doch nichts daraus. Ich nehme mir immer viel vor, aber ich schaffe davon nie mehr als höchstens die Hälfte.

Britney übte stundenlang ihre Tanznummern im Wohnzimmer, und zum Radschlagen ging sie vors Haus. Dann kamen unsere Nachbarn, die Stricklands und die Reeds, vor die Tür gelaufen und feuerten sie an. Manchmal verpasste sie deswegen ihre Lieblingssendungen im Fernsehen, *Wunderbare Jahre* oder *Unser lautes Heim*, doch das machte ihr nichts aus. Sie war unbeirrbar. Außerdem war Britney unglaublich ordentlich. Alle ihre Kleider hatte sie in säuberlichen Stapeln geordnet: Hier die Hosen, da die Röcke, dort die T-Shirts – alles tipptopp aufgeräumt. Jeden Abend legte sie ihre Schulkleidung für den nächsten Morgen heraus. Ich musste ihr auch nie sagen, sie solle ihr Bett machen oder ihr Zimmer aufräumen. Das tat sie von ganz allein. ❊

# Drahtseilakt

Ich habe immer noch Schuldgefühle, wenn ich zu Hause bin und morgens nicht mein Bett mache. (Wohlgemerkt, zu Hause. Ihr solltet mal sehen, was für ein Chaos ich hinterlasse, wenn ich auf Tournee bin!) Ich glaube, als ich größer wurde, sah ich, wie diszipliniert Bryan Sport trieb, und wie ernst meine Mutter ihr eigenes Fitnesstraining nahm. (Sie tut vielleicht so, als würde sie sich nicht darum kümmern, in Form zu bleiben, aber ich weiß genau, dass sie jeden Tag trainiert.) Eine Zeit lang hat sie in einem Fitnessclub gearbeitet. Sie gab Aerobic-Unterricht. Als ich zwölf Jahre alt war, dachten wir uns immer gemeinsam Aerobic-Schrittfolgen aus und zeigten sie dann den anderen.

Vielleicht habe ich immer versucht, mich möglichst erwachsen zu verhalten, weil ich ernst genommen werden wollte, aber versteht mich bitte nicht falsch: Ich konnte auch wunderbar herumblödeln. An den Wochenenden war ich immer bei Laura Lynne, oder sie kam zu uns, und wir spielten mit unseren Barbiepuppen oder fuhren Go-cart. Meine Eltern achteten darauf, dass mir neben den vielen Übungsstunden noch genug Zeit blieb, um einfach nur ein richtiges Kind zu sein. Ich habe nicht das Gefühl, meine Kindheit verpasst zu haben. Das fände ich schrecklich, denn Kinder sollen sich auch wie Kinder benehmen.

Ich weiß, dass meine kleine Schwester Jamie Lynn in meine Fußstapfen treten will. Das finde ich super. Sie hat eine tolle Stimme, und ich habe keine Zweifel, dass sie eines Tages ein großer Star sein wird. (Sie selbst übrigens auch nicht!) Aber ich habe ihr gesagt, sie soll es langsam angehen. Sie ist erst acht Jahre alt, und ich glaube, sie sollte es erst mal eine Weile genießen, acht zu sein. Und dann neun. Ich finde, Kinder sollten zur Schule gehen, lesen, alles Mögliche ausprobieren. Ihr könnt mir glauben, auf der Bühne aufzutreten bedeutet nicht nur Glamour, Limousinen und Partys ohne Ende. Man muss hart dafür arbeiten und sich geistig und körperlich darauf vorbereiten. Wenn ihr wirklich glaubt, dass ihr das Zeug dazu habt, dann versucht es. Aber lasst euch deswegen nicht alles entgehen, was Spaß macht. Die Kindheit ist ziemlich kurz, also genießt sie. ❉

»Sie war so ein süßer Unschuldsengel. Ich konnte ihr weismachen, dass es morgen junge Hunde regnen würde und sie antwortete: ›Ja, Ma'am.‹ Sie hat ein so vertrauensvolles Herz.« – Margaret Smith, eine Freundin

Laura Lynne war seit unserer Geburt für mich da. Auf diesem Bild sind wir gerade mal drei Jahre alt.

*Schaut euch bloß an, was unsere Mütter mit Brit und mir angestellt haben, als wir klein waren. Sie ließen sich keine Gelegenheit entgehen, uns wie Zwillinge anzuziehen.*

## *Beste Freundinnen* Laura Lynne Covington

*Britney und ich sind seit unserer Geburt Freundinnen. Unsere Mütter sind Schwestern, und Britney war immer wie eine Schwester für mich. Zu Weihnachten bekamen wir immer dieselben Nachthemden geschenkt — wir waren sooo süß! Aber ihr solltet mal ein paar von den peinlichen Fotos sehen, die sie von uns gemacht haben. Brit und ich haben vergeblich versucht, sie zu verstecken!*

Wir haben zusammen Tanzunterricht genommen und tanzen beide schrecklich gern. Ich erinnere mich, wie ich während unserer Auftritte zu Brit hinü-
berschaute und dachte, wie toll sie war. (Ich schwöre, dass wir bei unserem
ersten Auftritt noch Windeln trugen!) Ich wusste schon immer, dass sie ein
unglaubliches Talent hat. Ich habe keine Minute daran gezweifelt, dass sie
eines Tages ein Star werden würde, aber für mich ist sie etwas ganz anderes;

für mich ist sie einfach nur Britney. Sie ist überhaupt nicht eingebildet oder affektiert, obwohl sich ihr Leben in den letzten Jahren so sehr verändert hat. Wenn sie nach Hause kommt, hängen wir genauso zusammen wie früher und quatschen über Jungs und Klamotten und wer auf welches College geht. Wir haben wirklich tolle Erinnerungen an unsere gemeinsame Kindheit; wir haben praktisch alles miteinander geteilt (besonders unsere Klamotten), und das ist ein Bund, der niemals zerreißen wird.

Alle möglichen Leute - Journalisten, Fans oder Zuschauer, die Britney in MTV oder bei irgendeiner Preisverleihung gesehen haben - wollen immer von mir wissen, wie Britney *wirklich* ist. Sie ist genauso, wie sie wirkt: nett, freundlich, lustig, talentiert. Das ist nicht aufgesetzt, schließlich kenne ich sie seit achtzehn Jahren und bin *Expertin* in Sachen Miss Britney. Ich glaube, deswegen fühlt sich Britneys Publikum so zu ihr hingezogen. Sie ist absolut echt, mit allem Drum und Dran. Man bekommt genau das, was man sieht. ✽

»Als wir nach New York gingen, dachten wir nur: Wir wollen uns ein bisschen amüsieren. Das war genau die richtige Einstellung. Dann nahm das Schicksal seinen Lauf und veränderte Britneys Leben, so wie immer.«

– Jeannine Ballard, Britneys Tante

# 3
## Glück im Unglück

# Zu jung

Obwohl ich mein Ziel nie aus den Augen verloren habe und immer wusste, was ich wollte, war ich gelegentlich doch überrascht, wenn etwas anders lief, als ich es mir vorgestellt hatte. Ich war noch überraschter, wenn sich schließlich genau dieser Umweg als *Glücksfall* erwies. Mit acht Jahren hatte ich mein erstes Vorsprechen beim *All-New Mickey Mouse Club* (auch bekannt als MMC). Disney mochte ich schon immer, und ich fand es toll, vielleicht ins Fernsehen zu kommen, aber ich setzte mich deswegen nicht unter Druck. »Es wäre ein Riesenspaß, wenn es klappen würde«, sagte ich mir, »aber wenn nicht, auch gut.«

Das Vorsprechen fand in Atlanta statt, also machten wir uns auf die Reise. Dort wuselten wahrscheinlich Tausende von Kindern herum, die alle ins Fernsehen kommen wollten, aber nur zwölf davon würden es schaffen. Ich gab beim Singen und Tanzen mein Bestes. Ich schlug sogar ein paar ziemlich beeindruckende Räder und dachte, dass ich damit zu den Gewinnern gehören würde. Aber schließlich stellte sich heraus, dass ich einfach noch zu jung und unerfahren war; die meisten ›Mouseketeers‹ waren mindestens zwölf Jahre alt und hatten schon viel mehr Erfahrung als ich.

Langfristig zeigte sich, dass diese Absage nur positive Auswirkungen hatte. Man stelle sich das mal vor! Einer der Casting Directors war von mir beeindruckt (wie gesagt, es muss am Radschlagen gelegen haben) und gab mir den Namen eines guten Agenten in New York City. Mit dessen Adresse und Telefonnummer im Gepäck brachen wir zu unserem ersten großen Abenteuer in die Stadt aller Städte auf.

New York war Lichtjahre von Kentwood entfernt (ich erinnere mich noch, dass ich Mama fragte, ob es dort Kühe gäbe), aber dort waren wir im Mittelpunkt des Geschehens. Wenn man zur Bühne will, dann ist man in dieser Stadt goldrichtig. Ich hatte keine Angst, Kentwood zu verlassen. Ich wusste natürlich, dass ich meine Familie und meine Freunde vermissen würde, aber diesen Gedanken schob ich weit von mir. Außerdem würde ich ja nicht für immer in New York bleiben. Die Stadt war nur ein Sprungbrett für mich. Mein Ziel verlor ich dabei nicht aus den Augen, ich schlug lediglich einen anderen Weg ein, der mich trotzdem dorthin führen würde, wo ich unbedingt hinwollte: auf die Bühne. ✿

*Da war ich also, ein kleines Mädchen in der großen Stadt. Ich war ganz schön froh, dass Mama in New York bei mir war. Wir hatten Heimweh nach Kentwood, aber wir hatten ja uns.*

# Alles zurücklassen

»Lynne, du bist ja völlig übergeschnappt, deine Kleine in diese Riesenstadt zu schleppen, wo alles Mögliche passieren kann!« Das bekam ich von vielen Nachbarn in Kentwood zu hören, als Britney und ich uns auf den Weg nach New York machten, um einen Agenten für Britney zu finden. Die Leute hielten es für ein waghalsiges Unternehmen und fanden, wir würden Britney um ihre Jugend bringen, wenn wir so früh mit ihrer Karriere begannen. Sie waren der Ansicht, wir sollten ihre Träume auf Sparflamme halten, bis sie mit der Schule fertig sei. Aber im Showgeschäft (das wissen wir jetzt) geht es immer nur um Zeit. Außerdem wäre es Britney gegenüber nicht gerecht gewesen, wenn wir ihr nicht dann auf ihrem Weg geholfen hätten, als sie es wollte. Ich glaube, die Kritik, die wir ernteten, hat viel mit der typischen Denkweise von Kleinstädtern zu tun: »Bleibe im Lande und nähre dich redlich.«

Doch große Städte haben mir noch nie Angst eingejagt, und Britney wollte unbedingt den Sprung auf die Bühne schaffen. Also brachen wir auf: Brit, ihr Vater, Bryan, sein Freund Hunter (wir wollten verhindern, dass Bryan sich langweilte), die Schwester meines Mannes, Jeannine, ihre kleine Tochter Tara und ich. Den Flug konnten wir uns nicht leisten (das hätte über vierhundert Dollar pro Person gekostet), deswegen nahmen wir den Zug. Die Reise dauerte sechsundzwanzig Stunden. Wir übernachteten alle zusammen in einem Hotelzimmer, mehr Geld hatten wir nicht.

Verglichen mit den ruhigen, unbefestigten Landstraßen Louisianas waren die asphaltierten Straßen New Yorks laut, hell und ein bisschen überwältigend. Aber es machte Spaß, durch die Stadt zu laufen, obwohl ich zu dieser Zeit hochschwanger mit Jamie Lynn war und mehr watschelte als ging. Wir konnten uns auch kein Taxi leisten und waren meistens zu Fuß unterwegs, selbst wenn es in Strömen regnete. (Stellen Sie sich einmal sieben Leute unter einem Regenschirm vor!) Wir betrachteten unsere Reise als Urlaub und als Gelegenheit, etwas Neues zu sehen und neue Leute kennen zu lernen. Es gab überhaupt keinen Druck auf Britney, irgendwelche Angebote zu ergattern. Aber wie Sie wissen, schaffte sie es trotzdem. ❃

# Grüß mir den Off-Broadway

Eine Zeit lang wurde New York zu meinem zweiten Zuhause. Mama blieb zusammen mit Jamie Lynn, die damals noch ein Baby war, bei mir. Drei Sommer lang nahm ich Unterricht an der Professional Children's School (um dort einen Platz zu bekommen, musste man vorsprechen und nachweisen können, dass man beim Film, im Theater oder im Musikgeschäft arbeitete) und am Broadway Dance Center. Ich wurde als zweite Besetzung für die Hauptrolle in der Broadway Show *Ruthless!* am Players Theater ausgewählt. Ich spielte Tina, ein kleines Mädchen, das süß und unschuldig aussah, in Wirklichkeit aber ein ausgekochtes kleines Biest war. Es war eine gute Rolle, denn Tina war genau das Gegenteil von mir: Sie ist völlig verwöhnt und würde alles tun (sogar jemanden umbringen), um ein großer Star zu werden.

Obwohl die Rolle Spaß machte, gefiel es mir nicht, Abend für Abend dasselbe zu tun. Ich fand das bald ein bisschen langweilig. Als zweite Besetzung musste ich bei jeder Aufführung dabei sein, ob ich nun spielte oder nicht (und ich durfte nur spielen, wenn die Hauptdarstellerin krank war, was so gut wie nie vorkam). Ich musste jede Zeile auswendig können, damit ich von einem Moment auf den anderen einspringen konnte. Als die Hauptbesetzung ausschied, bekam ich die Rolle, aber zu diesem Zeitpunkt hatte ich schon keine richtige Lust mehr und wollte unbedingt selbst etwas auf die Beine stellen. ❊

# Die ersten eigenen Schritte

Was Britney an New York am besten gefiel, waren die Tanzstunden. Sie hatte schon immer ein unglaubliches Gedächtnis und konnte sich die Schritte schneller merken als alle anderen. Zeigen Sie Britney eine neue Schrittfolge, und sie kann sie sofort nachmachen. Es flog ihr einfach zu. Als sie im Broadway Dance Center Unterricht nahm, holte der Lehrer sie immer zum Vortanzen vor die Klasse. Damals war sie erst neun Jahre alt, und die Leute im Studio waren zum Teil drei Mal so alt! Sie sog alles auf, was sie ihr beibrachten, wie ein Schwamm. Sie beobachtete einen Erwachsenen, der irgendwelche modernen Jazz-Schrittfolgen übte und bettelte sofort: »Lasst mich das auch mal versuchen! Ich will das auch machen!« Das tat sie dann auch, und zwar genauso gut wie die anderen, wenn nicht noch besser. Zwischen dem Broadway Dance Center und der Tanzschule in Kentwood lagen Welten: Die Leute, die hier Unterricht nahmen, gehörten zu den Besten im Geschäft. (Brit übt immer noch gerne dort, wenn sie Videos oder Konzerte vorbereitet.) Als wir New York den Rücken kehrten, war sie nicht nur im wahrsten Sinne des Wortes gewachsen (ungefähr sieben Zentimeter), sondern hatte auch als Tänzerin gewaltige Fortschritte gemacht. Ich dachte bei mir: »Mal sehen, was die Leute jetzt sagen.«

Wir schulden dem Casting-Director, der Britney damals als ›Mouseketeer‹ ablehnte, Dank, obwohl wir zuerst nicht gerade glücklich über seine Entscheidung waren. Darin zeigt sich wieder einmal, was für wunderbare Möglichkeiten sich aus einem gescheiterten Vorhaben ergeben können. Man muss nur tapfer sein und flexibel bleiben. Ihr habt es nicht ins Cheerleader-Team geschafft? Vielleicht sucht der Chor gerade nach einem Mädchen mit einer tollen Stimme. Oder euer Trainer läßt dich beim Baseball nicht werfen, sondern stellt dich ins Feld. Vielleicht gelingt es dir, den Ball zu fangen, der das ganze Spiel entscheidet.

Ich sage immer zu Brit: Gottes Wege sind unerforschlich. Wenn der Weg in einer Richtung nicht weiter führt, dann dreh dich einfach um und finde heraus, wo die anderen Wege hinführen. Vielleicht ist einer davon für dich bestimmt. Ab und zu ist es ganz gut, einen anderen Gang einzulegen: Es war nicht unbedingt unser Wunsch, nach New York zu gehen, aber es war eine wichtige Erfahrung und hat uns zweifellos weiter gebracht. Man muss immer nach dem Guten Ausschau halten, nach der Lehre, die man aus jeder Situation ziehen kann. ❈

### Bruderliebe Bryan Spears

Als Britney ins Teenageralter kam, sah ich zu, dass ich immer auf sie aufpasste, wenn unsere Eltern keine Zeit hatten. Mit dreizehn oder vierzehn hat sie einmal beschlossen, sich heimlich davonzuschleichen und mit ihren Freundinnen irgendeinen Jungen in McComb zu besuchen, einem nahe gelegenen Städtchen. Na ja, mein Freund und ich sind ihnen heimlich gefolgt und haben sie natürlich verpetzt. Britney kriegte Ärger und zwar nicht zu knapp! Zur Strafe musste sie einen ganzen Tag lang mit einem Eimer durch unser Viertel ziehen und Müll aufsammeln. Sie hat die ganze Zeit geheult, und ich habe Fotos von

ihr gemacht — damit sie nie wieder vergaß, was es hieß, wenn man abends nicht pünktlich zu Hause war.

In der Schule wollten alle möglichen Jungen mit Britney ausgehen, aber dafür brauchten sie nicht nur Papas Zustimmung, sondern auch meine. Ich war ein guter Football-Spieler, und die meisten Jungen trauten sich nicht an sie heran, weil sie Angst vor mir hatten.

Ich finde es schrecklich, wenn ich meine Schwester jetzt sehe, wie sie so er-

Ich weiß natürlich, dass ich hier noch nicht groß genug bin, um potenzielle Verehrer von Brit abzuschrecken, aber wartet nur, bis ich erst auf der High School bin.

wachsen und strahlend auf all diesen Magazinen posiert, und das bekommt sie auch von mir zu hören. Ich sage immer: »Wisch dir doch mal diese Pampe aus dem Gesicht, du siehst ja lächerlich aus.« Ich verstehe schon, dass das einfach zum Geschäft gehört, aber es macht trotzdem Spaß, sie aufzuziehen.

Zu Hause ist Britney immer noch dieselbe wie früher. Wir zanken uns. Ich bin der Einzige, der sie richtig in Fahrt bringen kann – das macht richtig Spaß. Aber ich sehe auch, dass sie jetzt viel verantwortungsbewusster ist als früher. Und ihr könnt sicher sein, dass ich auf meine kleine Schwester stolz bin. ✤

Ich habe immer versucht,
Britney zu helfen, so gut ich
konnte, ob ich ihr nun für den
Auftritt in ›Star Search‹ die
Haare lege, oder ob sie sich an
meiner Schulter ausweinen
konnte, wenn sie einmal nicht
gewann, wie zum Beispiel
an diesem Tag.

# 4

*Schwierigkeiten sind dazu da,*
*überwunden zu werden*

# Und die Siegerin ist...

Unser Haus in Kentwood hat drei Schlafzimmer und zweieinhalb Bäder. Es ist nichts Besonderes und besteht hauptsächlich aus Holz und Ziegelsteinen. Fast jeder Zentimeter ist mit blauen Bändern und Trophäen bedeckt, die Bryan und Britney im Lauf der Jahre gewonnen haben (neuerdings ist auch einiges an Musikauszeichnungen und Platinschallplatten hinzugekommen!). Als Britney noch klein war, war sie Siegerin beim Landwirtschaftsfest von Kentwood. Sie gab eine Nummer à la Fred Astaire zum Besten, mit Spazierstock und Zylinder. Als Nächstes gingen wir mit ihr zum Miss Talent Central States Wettbewerb in Baton Rouge, und sie gewann wieder. Für jeden Sieg bekam sie einen kleinen Scheck, mit dem wir ihren Unterricht, die Kostüme und die Reisen zu neuen Talentwettbewerben bezahlten. Damals war ihr wichtigster Sieg der ›Miss Talent USA‹-Wettbewerb, der ihr ein Krönchen, einen Pokal, der größer war als sie selbst, und ein Preisgeld von tausend Dollar einbrachte. Kurze Zeit später, mit zehn Jahren, wurde sie für einen Fernsehauftritt in *Star Search* ausgewählt.

Ich glaube, Britney hatte sich damals irgendwie daran gewöhnt, dass sie immer gewann. Sobald sie auf einem Talentwettbewerb auftauchte, stöhnten die anderen kleinen Mädchen: »Oh nein, da ist Britney Spears, das war's dann wohl mit dem ersten Preis.« Warum sollte sie also nicht denken, dass sie immer wieder gewinnen würde? Vielleicht erwartete sie es schon fast, denn es schien ihr immer so leicht zu fallen. So ähnlich, als würde eure Schulmannschaft den ganzen Sommer über nur gewinnen und dann ganz plötzlich, wie aus heiterem Himmel, ein Spiel verlieren. Das trifft einen dann besonders hart.

Natürlich können Eltern nicht viel tun, um ihr Kind auf Enttäuschungen vorzubereiten. Man will ihm ja nicht mit düsteren Prophezeiungen den Wind aus den Segeln nehmen. Man möchte, dass sein Kind jeden aufregenden Augenblick seines Erfolgs genießt und sich keine unnötigen Sorgen über Fehler macht. Aber wir alle wissen, dass man nicht immer gewinnen kann, so ist das Leben nun einmal. Am besten erklären Sie Ihrem Kind, dass es nicht darum geht, zu verlieren oder zu gewinnen, sondern dass man ein guter Spieler sein muss. (Ich weiß, das hört sich an wie ein Klischee, aber es ist die Wahrheit.) Wenn das nicht genügt, empfehle ich, besonders liebevoll zu sein und Mitgefühl zu zeigen, denn irgendwann passiert es doch: Eines schönen Tages, meistens eher früher als später, müssen Sie Ihrem Kind dabei helfen, mit einer Niederlage fertig zu werden. ❁

# Alle schauen auf mich

Ich war furchtbar aufgeregt vor dem Auftritt in *Star Search*, weil es eine Fernsehsendung war, die landesweit ausgestrahlt wurde. Man hatte drei Minuten Zeit für seine Nummer – in meinem Falle ein ganz tolles Lied, das den Umfang und die Kraft meiner Stimme zeigen sollte. Vier berühmte Stars, die als Richter fungierten, würden jede Nummer mit einer Anzahl von Sternen bewerten, und wer die meisten Punkte bekam, hatte gewonnen. Man musste so oft auf die Bühne kommen und eine neue Nummer vortragen, bis man entweder im Halbfinale und im Finale war oder sich geschlagen geben musste.

Bei meinem ersten Auftritt gewann ich vor einem Mädchen, das eine Opernarie vortrug. Ich bekam drei und dreiviertel Sterne, mehr als vier wurden nicht vergeben, und das Mädchen bekam dreieinhalb. Ed McMahon, der durch die Show führte, alberte mit mir herum: Er wollte wissen, ob ich schon einen Freund hätte, und als ich verneinte, fragte er, ob er vielleicht dafür in Frage käme. Ich sagte, ich müsste darüber nachdenken! Könnt ihr euch sowas vorstellen?

Den Jungen, gegen den ich in der nächsten Runde antrat, kannte ich. Er war sehr nett. Wir waren beide auf derselben Schule gewesen, auf der Professional Children's School in New York City, und kurz vor der Show hatten wir zusammen Basketball gespielt. Ich erinnere mich noch genau, wie ich auf die Bühne ging und mein Bestes gab. Ich sang ein tolles Lied von Naomi Judd »Love Can Build a Bridge«, und ich dachte: »Oh Mann, bei diesem Auftritt habe ich wirklich ein gutes Gefühl.« Als Ed verkündete, dass mein Herausforderer mich geschlagen hatte (mit nur einem Viertelstern), weiß ich noch, dass ich den Jungen fest umarmte. Dann ging ich von der Bühne und brach in Tränen aus. Ich konnte an nichts anderes mehr denken. Was hatte ich nur falsch gemacht? Der Gewinner und Mama hatten solches Mitleid mit mir. Ich hätte so gerne gewonnen, und ich wusste genau, dass alle zu Hause die Sendung gesehen hatten und jetzt enttäuscht von mir waren. Wie sollte ich ihnen je wieder unter die Augen treten? ❈

# Tröstliche Worte

Ich nahm Britney beiseite und sagte: »Komm, Kleines, du musst dich jetzt für den kleinen Jungen freuen und eine gute Verliererin sein.« Britney versuchte mit aller Kraft, ihre Tränen zurückzuhalten, sie wollte nicht, dass Ed McMahon oder jemand anders sie weinen sah, doch es gelang ihr einfach nicht. Sie war untröstlich.

Aber schließlich kam sie doch darüber hinweg, und es sollte nicht die einzige Enttäuschung bleiben. In den folgenden Jahren gab es noch viele: Endloses Vorsprechen, das zu nichts führte, Leute, die Britney aus Eifersucht oder Unsicherheit nicht geben wollten, was sie verdiente, andere, die uns angeblich helfen wollten und stattdessen nur unsere Zeit und unser Geld in Anspruch nahmen, ohne dass es jemals zu Ergebnissen führte. Es lohnt sich nicht, an all den Ärger zu denken, aber es gab reichlich davon. Trotzdem bin ich stolz darauf, sagen zu können, dass wir uns von diesen Widrigkeiten nicht aufhalten ließen. Man muss den Kopf oben behalten, sage ich immer zu Britney. Wenn man einmal nicht *genau* das bekommt, was man will, geht deswegen nicht gleich die Welt unter.

All diese Dinge verblassen im Vergleich mit dem größten Hindernis, das wir überwinden mussten. Ironischerweise tauchte es genau in dem Moment auf, als Britney zum ersten Mal in allen Hitparaden ganz oben war. Es warf uns völlig aus der Bahn, doch diesmal musste Britney ganz allein damit fertig werden. Ich konnte ihr nicht dabei helfen, obwohl ich, wenn das möglich gewesen wäre, ohne Zögern ihren Platz eingenommen hätte. Es gibt nichts Schlimmeres für Eltern, als zusehen zu müssen, wie ihre Kinder leiden. ✿

# Ich werde es schaffen

Der Zeitpunkt hätte nicht ungünstiger sein können. Ich steckte mitten in den Proben für mein zweites Video »Sometimes«, als ich ein Bein hochwarf und spürte, wie etwas in meinem Knie *knack!* machte. Es tat fürchterlich weh, und ich wusste genau, dass da irgendetwas ernsthaft kaputtgegangen war. Alle versuchten, mich zu beruhigen. Sie sagten, ich solle das Knie kühlen, dann würde alles wieder gut, aber ich konnte das Bein kaum beugen und war völlig verängstigt. Ich weinte hysterisch, und alle dachten, ich würde total übertreiben. Ich schrie: »Hey, Leute, ich kann mit dem Bein nicht mehr auftreten!« Ich kenne meinen Körper genau, und ich wusste, dass das hier etwas wirklich Ernstes war.

Ich rief meine Mutter an, und sie telefonierte mit Larry Rudolph, einem meiner Manager. Sie brachten mich sofort zu einem Arzt, der mir riet, mich zu beruhigen und das Bein von selbst heilen zu lassen. Aber es wurde nicht besser, sondern immer schlimmer. Also ging ich zu einem anderen Arzt in New Orleans. Der warf nur einen Blick auf die Röntgenaufnahme und sagte: »Sie müssen so schnell wie möglich operiert werden. In Ihrem Kniegelenk hat sich ein Stück Knochen gelöst.«

*Hier seht ihr mich in dem Video zu »...Baby One More Time«. Das war vielleicht eine aufregende Zeit! Ich konnte es einfach nicht glauben, dass ich mich so kurz nach dem Video so schwer am Knie verletzt habe.*

Liebe Britney,

ich habe gehört, dass du im Krankenhaus liegst, weil du dich am Bein verletzt hast.

Es tut mir so Leid! Ich bin dein allergrößter Fan und hoffe, dass es dir schon besser geht. Alle in meiner Schule drücken dir die Daumen, denn wir finden, dass du die beste Sängerin und Tänzerin bist, die es je gegeben hat. Wir hören die ganze Zeit »…Baby One More Time«. Es ist unser Lieblingslied.

Bitte, bitte, werde bald wieder gesund! Du schaffst es, Britney!!

Alles Liebe
Ricky P., Paramus, NJ

Ich glaube, zuerst begriff ich gar nicht, was der Arzt gesagt hatte. Operieren? Jetzt? »...Baby One More Time« war gerade erfolgreich herausgekommen, und alle wollten, dass ich Werbung dafür machte, in Talkshows auftrat, mich in der Öffentlichkeit sehen ließ. Ich konnte doch nicht einfach von der Bildfläche verschwinden! Doch der Arzt beharrte darauf, dass mir keine Wahl blieb, also musste ich alles absagen – Auftritte in *Jay Lenos Tonight Show* hier in Amerika und für *Bravo* in Deutschland, und Dutzende von Interviews.

Es dauerte acht lange, schmerzhafte Wochen, die ich zu Hause verbringen, das Bein schonen und zur Physiotherapie humpeln musste. Ich war völlig am Boden zerstört. Das konnte doch einfach nicht wahr sein. Doch nicht ausgerechnet jetzt! Der Heilungsprozess war zermürbend. Ich lag auf einem Bett, und die Physiotherapeuten machten jeden Tag Übungen mit meinem Bein und beugten es, um sicherzugehen, dass Bänder und Muskulatur richtig verheilten. Es tat so weh, dass ich jedes Mal weinte. Die Ärzte sagten mir, selbst erwachsene Männer mit so einer Verletzung hätten schon geschrien und geweint, und es sei ganz in Ordnung, den Schmerz nicht zu unterdrücken. Mama war immer bei mir, hielt meine Hand und sagte: »Halt durch, Kleines.« Jamie Lynn tat ihr Bestes, um mich abzulenken und zum Lachen zu bringen.

Noch schlimmer als die Therapie war das Stillsitzen. Ich habe jede Menge Energie, und jetzt durfte ich nichts anderes tun, als auf dem Sofa zu liegen. Ich sollte das Bein hochlegen und es so wenig wie möglich belasten. Ich sage euch, das war die reinste Folter. Ich glaube, am meisten hat mir in dieser furchtbaren Zeit meine innere Einstellung geholfen. Ich war wild entschlossen, mein Knie wieder hinzukriegen. Ich erinnere mich, wie ich mir ganz am Anfang das Schlimmste ausmalte: Was wäre, wenn ich nie wieder tanzen könnte? Wenn meine Karriere und alles, wofür ich so hart gearbeitet hatte, plötzlich vorbei wären? Was wäre, wenn ich nicht mehr hundertprozentig gesund werden würde? Die Ärzte machten mir zwar Mut, warnten uns aber, dass man Komplikationen nicht völlig ausschließen könne.

Ich weinte mich an Mamas Schulter aus, und sie versprach mir, dass alles gut würde, wenn ich nur stark genug sei. Also war ich stark, um unserer beider willen, und immer, wenn sich diese trüben Gedanken einschleichen wollten, jagte ich sie fort. Ich hatte noch so viel vor, es gab so vieles, was auf mich wartete. Ich musste einfach gesund werden! Ich bemühte mich mehr als je zuvor, um mein Knie wieder beweglich zu machen. Die Ärzte waren beeindruckt von meinen Fortschritten, und noch mehr von meinem zähen Willen.

Ehe ich mich versah, ging es plötzlich wieder aufwärts. Ich konnte das Bein wieder in die Luft werfen und das Knie beugen, und es dauerte nicht lange, da machte ich auch schon wieder meine Rückwärts-Überschläge. Ich möchte solche Schmerzen nicht noch einmal durchmachen, aber eines habe ich dabei gelernt: Gott und deine eigenen Gedanken haben manchmal die Macht, dich zu heilen. Allein durch den Glauben geht es schon bergauf, dort spielt sich der halbe Kampf ab. Doch auch meine Familie, Freunde und Fans haben mir Kraft gegeben. Mama hat mir nie gezeigt, wie viel Sorgen sie sich meinetwegen machte. Zu wissen, dass viele Leute mir helfen wollten, mir die Daumen drückten, für mich beteten... das hat mir sehr geholfen.

Erst durch meine Knieverletzung wurde mir klar, wie viel es mir bedeutet, aufzutreten. Oh Mann, ich würde durchdrehen, wenn ich nicht mehr tanzen könnte.

Britney und ich lieben meine Schwester Sandra über alles. Sie hat uns immer inspiriert. Auf diesem Foto aus dem Jahr 1986 ist sie mit ihrer Tochter Laura Lynne zu sehen.

Man braucht Angehörige, die einen lieben und unterstützen. Das habe ich Brit, Bryan und Jamie Lynn schon immer gesagt. Dieses Foto von 1996 zeigt mich mit Sandra (links) und unserem Bruder Barry.

# Unsere Heldin

Zurzeit kämpft meine Schwester Sandra, die Britney und ich über alles in der Welt lieben, gegen eine Krebserkrankung. Ihre Haltung ist bewundernswert: Ich habe nie erlebt, dass sie sich auch nur eine Sekunde lang dem Selbstmitleid, der Angst oder der Verzweiflung hingegeben hätte. Sie ist unglaublich stark, und ich glaube fest daran, dass sie mit Gottes Hilfe durchkommt, denn ihre Einstellung ist einfach fantastisch. Die Frauen in unserer Familie sind eben nicht unterzukriegen!

Wenn Britney nach Hause kommt, kann sie es gar nicht erwarten, ihre Tante Sandra zu besuchen. Die beiden sind so stolz aufeinander. Ich hasse es, in der Öffentlichkeit mit Britney anzugeben, ich will mich schließlich nicht anhören wie ein Wichtigtuer, aber Sandra hält ohne zu zögern jeden an und sagt: »Haben Sie schon von meiner Nichte gehört? Ist sie nicht unglaublich?« Sogar in irgendwelchen Einkaufszentren hat Sandra schon Wildfremden Geschichten von Britney erzählt. Sie kann einfach nicht anders, sie platzt fast vor Stolz.

Als wir mit diesem Buch anfingen, unterzog Sandra sich gerade einer Chemotherapie. Das ist keine leichte Sache, und ich glaube, es war die beste Medizin für sie, sich zusammen mit Brit und mir an unsere Familiengeschichte zu erinnern. »Sag mal, Lynne«, sagte sie, »kannst du dich noch daran erinnern, wie Britney und Laura Lynne auf den Baum geklettert sind?« Oder: »Hört mal, wollen wir uns nicht mal das Video von Brit ansehen, wie sie in unserem Lokalsender interviewt wurde, als sie gerade elf war?« Man braucht nur Britneys Namen zu nennen, schon leuchten Sandras Augen. Falls ich jemals Zweifel an der Macht der Liebe hatte, sind sie jetzt verschwunden. Ich sehe, wie es Sandra von Tag zu Tag besser geht, weil es so viele Menschen gibt, die sie lieben.

Nichts ist unmöglich. Fragen Sie nur Tante Sandra. Unsere ganze Familie glaubt fest daran, dass Gott uns Hindernisse in den Weg legt, damit wir etwas daraus lernen. (Ich stelle mir das gerne wie eine Prüfungsaufgabe in der Schule vor.) Hat man eine Aufgabe gelöst, wird man dadurch stärker und selbstbewusster und sieht die Dinge klarer. Schon bald schrumpfen die riesigen Felsen, die uns den Weg zu versperren drohten, zu winzig kleinen Kieselsteinen. ❊

»Manchmal erinnert mich Britney sehr an Lynne im gleichen Alter, wenn sie etwas sagt. Sogar die Art, wie sie es sagt! Das sind wirklich zwei vom gleichen Schlag.« – Sandra Covington, Britneys Tante

*Hier sind Brit und ich zu sehen, als sie gerade anfing, ein Teenager zu werden. Die Zeit der atemberaubenden Outfits kommt erst noch!*

# Britney und Lynne Spears' Familienbande

Laura Lynne und ich sind seit unserer Geburt die dicksten Freundinnen. Hier sind wir in Tutus und Balletschühchen bei unserem ersten Auftritt zu sehen. Ich bin die mit dem ernsten Gesicht auf der rechten Seite, während Laura sich einfach nur königlich amüsiert. (Auch heute kann sie mich immer wieder zum Lachen bringen.) Sehen wir nicht aus wie richtige kleine Damen von fünf Jahren, mit unseren Rüschenkleidchen und den Haarreifen?

Im Laufe der Jahre gab es so viele Menschen – und nicht nur Verwandte –, die für uns wie Familienmitglieder waren. Wir lieben sie und kümmern uns um sie (und sie empfinden dasselbe für uns). Wenn ihr das Glück habt, in eurem Leben so besonderen Menschen zu begegnen, verliert sie nicht aus den Augen... und behaltet sie immer im Herzen.

— Britney und Lynne

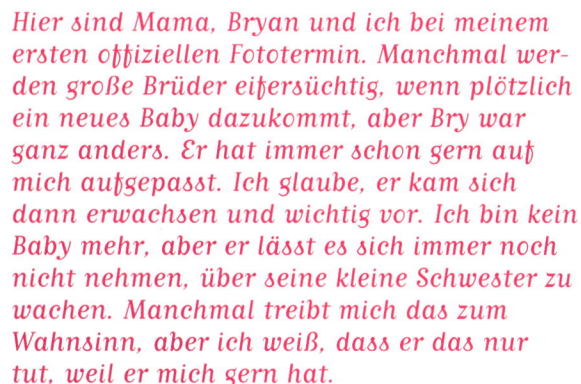

*Hier sind Mama, Bryan und ich bei meinem ersten offiziellen Fototermin. Manchmal werden große Brüder eifersüchtig, wenn plötzlich ein neues Baby dazukommt, aber Bry war ganz anders. Er hat immer schon gern auf mich aufgepasst. Ich glaube, er kam sich dann erwachsen und wichtig vor. Ich bin kein Baby mehr, aber er lässt es sich immer noch nicht nehmen, über seine kleine Schwester zu wachen. Manchmal treibt mich das zum Wahnsinn, aber ich weiß, dass er das nur tut, weil er mich gern hat.*

*Auch Angehörige können beste Freunde sein. Ich kann mich immer an meine Schwester Sandra wenden, wenn ich Rat und Unterstützung brauche, egal was, egal wann. Britney weiß, dass sie immer auf Laura Lynne zählen kann; besonders wenn es darum geht, sich irgendwelche Geheimnisse anzuvertrauen.*

*Mit Mama gehe ich am liebsten aus. Sie hat mich zu den Teen Choice Awards in Los Angeles begleitet. Sieht sie nicht echt cool aus?*

Wir sind alle so stolz auf Britney! Die gesamte Familie Spears feierte bei ihrer Platin-Party in New York mit (von links: ihr Vater Jamie, ich, ihre kleine Schwester Jamie Lynn und ihr großer Bruder Bryan).

Als ich im All-New Mickey Mouse Club auftrat, begleiteten mich Laura Lynne und Jamie Lynn. Ich glaube aber, dass sich Jamie mehr für die Disney-Figuren interessierte, die im Park herumspazierten, als für meine Show.

Laura Lynne ist wie eine Schwester für mich. Manchmal rufe ich sie einfach so an, bloß um »Hallo« zu sagen, und ihre Stimme zu hören — und natürlich, um den neuesten Klatsch aus Kentwood zu erfahren.

Alle sagen, meine kleine Schwester Jamie Lynn wäre eine Miniaturausgabe von mir. Sie ist total süß, und ich weiß genau, dass sie eines Tages auch ein großer Star werden wird.

*Hier hänge ich mit den anderen »Mouseketeers«, Laura Lynne und Jamie Lynn in der Garderobe ab. Die Show machte so viel Spaß, dass man gar nicht das Gefühl hatte, zu arbeiten. Ganz rechts sitzt Justin Timberlake, und Ryan Gosling liegt auf unserem Schoß.*

Als ich
»Mouseketeer« wurde,
wurden die anderen Kinder
für mich zu einer Familie.
Justin Timberlake und Ryan
Gosling gehörten zu meinen
besten Freunden. Mit J.C. und
Justin bin ich immer noch
befreundet: Hier seht ihr die
beiden zusammen mit
Mama und mir.

Freunde sind wichtig: Mit fünfzehn bin ich am liebsten mit Cortney, Elizabeth und Laura in New Orleans durchs Einkaufszentrum gezogen. Hier feiern wir gerade, dass ich endlich meine Zahnspange los bin! Auch heute habe ich noch Kontakt zu meinen Freundinnen. Mama hat immer zu mir gesagt, alles ändert sich im Leben, aber Freunde bleiben.

Meine Freundinnen und ich blödeln
für unser Leben gern herum.
Hier ziehe ich mir zusammen mit
Cortney (links) Laura Lynne und
Jansen (rechts) leckere Kekse rein.

Brit hatte ihre »Mouseketeers«,
aber Felicia Culotta, Jill
Prescott und ich sind die
wahren Drei Musketiere.
Wir kennen einander schon
seit Jahren, und ich wüsste
nicht, was ich ohne sie
anfangen sollte.

Als ich anfing, auf Tournee zu gehen, hatte ich Heimweh, also wurde die Truppe, die mit mir unterwegs war, meine Ersatzfamilie (und ist es immer noch). Ich brauche mich nur auf der Bühne umzusehen und weiß, dass meine Tänzer hinter mir stehen — im wahrsten Sinne des Wortes.

*Diese verrückten Typen von NSYNC waren für mich wie große Brüder. Ich rechne es ihnen hoch an, dass sie mir gezeigt haben, wie es bei Konzerten laufen muss. Das machte alles viel einfacher, weil ich Justin und J.C. ja auch schon vom MMC kannte. Als wir zusammen auf Tournee gingen, war es wie ein Klassentreffen.*

Bei der Party zu meinem achtzehnten Geburtstag in New York City war meine ganze Familie – die, die mit mir verwandt sind und die, die es nicht sind – dabei. Wenn ich mir etwas wünschen dürfte, bevor ich die Kerzen auf dem Kuchen ausblase, dann, dass sie alle immer für mich da sein und die schönen Zeiten mit mir feiern können.

Brits Manager Larry
gehört auch zur Familie.
Ich weiß, dass er sie fast
genauso sehr liebt wie
Brits Papa und ich.

Wie die Mutter so die Tochter: Ich finde es total toll, wenn die Leute sagen, ich wäre genau wie meine Mutter, denn sie ist der netteste Mensch, den ich kenne.

# 5

# Bewahr' dir deinen Glauben

## Versuch's noch mal

Ich denke, weder meine Familie noch ich hatten eine genaue Vorstellung davon, wie sich mein Leben entwickeln würde. Wären wir einem bestimmten Plan gefolgt – wir versuchen erst dies und dann jenes, wir haken nacheinander A, B, C, D ab –, dann hätte ich versagt oder wäre unglücklich geworden, das weiß ich genau. Wir folgten einfach dem Lauf der Dinge, versuchten etwas Neues, gingen Risiken ein und hatten vor allem immer viel Spaß miteinander. Ich glaube fest daran, dass alles in Gottes Hand liegt und du nie wissen kannst, was hinter der nächsten Ecke auf dich wartet. Wenn man das genau wüsste, wo bliebe das Abenteuer? Wäre ein Leben, in dem alles genau vorhersehbar wäre, nicht fürchterlich langweilig?

Mein Unterricht führte zu Talentwettbewerben, und die führten zum Vorsprechen und letzendlich dazu, dass wir in New York landeten. Unsere Einstellung dazu war total unkompliziert, wir dachten: »Na gut, warum eigentlich nicht?« Ich stand nie unter Druck. Wir gingen es ganz locker an und wollten einfach mal sehen, wohin das Schicksal uns führen würde.

Häufig kam es ganz anders, als wir es uns erhofft hatten (ich wurde *nicht* in den *Mickey Mouse Club* aufgenommen) und manchmal gab es auch nette Überraschungen (ich wurde *doch* in den *Mickey Mouse Club* aufgenommen). Es ging auf und ab. Genau wie bei den Basketballspielen in der Junior High School (ich war immer megasauer, wenn wir eine Schlappe einstecken mussten, aber das kam eben auch vor), und im Leben ist es nicht anders. Ich hätte aufgeben können. Hätte ich gesagt: »Mir reicht's«, dann hätte Mama auf der Stelle die Koffer gepackt und wäre mit mir nach Hause gefahren. Einmal haben wir das auch tatsächlich getan. Nachdem ich sechs Monate lang am Broadway in *Ruthless!* aufgetreten war, kriegte ich plötzlich Heimweh. Es war kurz vor Weihnachten, und ich war die ganze Zeit über nicht in Kentwood gewesen. Ich vermisste meinen großen Bruder, Papa, meine Freunde und meine Familie. Mama ging es genauso, aber keine von uns wollte es als Erste zugeben. Wir hatten einen winzigen Weihnachtsbaum in unserem Appartement, aber der war nicht halb so schön wie der riesige Tannenbaum, der zu Weihnachten immer in unserem Wohnzimmer in Kentwood steht. Ich war so unglücklich! Ich würde nicht mit Bry zusammen Geschenke unter dem Weihnachtsbaum auspacken und am Weihnachtsmorgen nicht in unsere Kirche gehen.

Eines Tages schaute ich Mama an und sprach aus, was wir beide dachten: »Können wir nicht über Weihnachten nach Hause fahren?« Wir packten aus dem Stand alles zusammen und flogen nach Hause. Für uns kam immer die Familie zuerst, und an den Feiertagen sollte man zu Hause sein. Auch heute noch richte ich es so ein, dass ich zu Weihnachten in Kentwood bin, selbst wenn ich irgendwo auf Tournee bin. Ich glaube, Mama und ich waren fest davon überzeugt, dass es die richtige Entscheidung war, unserem Gefühl zu folgen. Die Leute am Theater waren sehr verständnisvoll, und kurz darauf wurde ich für den *Mickey Mouse Club* ausgewählt. Ihr seht also – alles war sowieso Gottes Plan.

Etwa um diese Zeit sprach ich für einen Film namens *Gordy* vor. Man bot mir die Hauptrolle an (mit einem echten Schwein als Partner, im Ernst!), und Papa war fest davon überzeugt, das sei eine Riesenchance für mich. Ich war mir nicht so sicher; ich fürchtete mich vor all den Tieren, und ehrlich gesagt hoffte ich immer noch auf den *MMC*. Nach langen Gesprächen, in denen Mama meine Entscheidung verteidigte, schlugen wir das Angebot aus. Ich kann euch sagen, ich war vielleicht froh, denn der Film wurde ein ziemlicher Flop.

Es ist wichtig, dass man sich nicht beirren lässt. Ich halte Selbstzweifel für zerstörerisch. Solange man seinen Zielen treu bleibt und dafür arbeitet, muss man immer weitermachen. Wozu Tränen über etwas vergießen, das sich doch nicht ändern lässt? Entweder man sitzt da, schmollt und bemitleidet sich, oder man rafft sich auf und versucht es noch einmal. Ich hatte natürlich auch manchmal Tiefpunkte, aber das hat nie lange gedauert. Mamas Optimismus ist ansteckend, und ich glaube, meine Hoffnungen waren stärker als meine Ängste. ✿

»*Lynne glaubt, dass man mit einer Portion Eiskrem alles in den Griff bekommt. Du bist deprimiert, wütend, gestresst? Kauf dir einfach eine doppelte Portion Eis, und schon geht's dir besser! Und wissen Sie was? Bei Britney hat das immer funktioniert, und ich schwöre, daran hat sich bis heute nichts geändert.*« – Jill Prescott, eine Freundin

## Lynnes Liebesbriefe

*Zu bestimmten Anlässen — Geburtstagen, Schulabschlüssen, Hochzeiten — oder manchmal auch ohne besonderen Grund, schenke ich meiner Familie und meinen Freunden Gedichte, um ihnen zu sagen, wie lieb ich sie habe. Wenn wir zusammen unterwegs sind, schreiben Brit und ich manchmal auch gemeinsam Gedichte (vielleicht tauchen sie eines Tages mal als Text in einem ihrer Lieder auf). Dieses Gedicht fasst unsere Einstellung zum Glauben und die Bereitschaft zum Risiko zusammen.*

*Geburt eines Horizonts,*
*Neuer Tag, neues Blau*
*Werden die Vögel singen*
*Oder wird der Himmel grau?*

*Es wird im Leben*
*Nichts umsonst gegeben*
*Ist der Weg zu einfach*
*Kann man sich nicht erheben.*

# Alles zu seiner Zeit

Ich sage immer zu meinen Kindern: Wenn Gott eine Tür schließt, öffnet er irgendwo eine andere. Für Britney traf das immer zu. Ich würde uns nicht als besonders konventionelle Gläubige bezeichnen, aber zweifellos sind wir tief religiös. Ich selbst wurde im methodistischen Glauben erzogen und habe einen Baptisten geheiratet; ich habe also keine strengen religiösen Traditionen. Doch ich glaube fest daran, dass im Leben nichts grundlos geschieht – weder das Gute noch das Böse. Ich sagte immer zu Brit: »Wie soll man die glücklichen Zeiten schätzen, wenn man niemals schlechte Tage erlebt hat?«

Ich glaube, dass alle unsere Rückschläge von Gott für Britney vorherbestimmt waren. Sie hatte erst Erfolg, als sie reif genug war, ihn zu verkraften. Im Nachhinein verstehe ich jetzt, warum es nicht gut gewesen wäre, wenn sie schon mit acht Jahren als ›Mouseketeer‹ angefangen hätte und nach Orlando gezogen wäre. Bryan wäre damals noch zu jung gewesen, um so lange von seiner Mutter getrennt zu sein, und Britney musste erst noch in New York Unterricht nehmen und mit *Ruthless!* erste Bühnenerfahrungen sammeln. Als sie drei Jahre später ›Mouseketeer‹ wurde, hatte Bryan schon seinen Führerschein und war viel erwachsener. Britney selbst war auch ausgeglichener und professioneller geworden. Sie konnte diese Erfahrung mit elf Jahren viel besser nutzen als drei Jahre zuvor. Das Timing war genau richtig.

Man sollte jedes Hindernis als Gelegenheit ansehen, zu lernen und zu reifen. Wir verstehen nicht immer alles sofort, manchmal muss man Geduld haben. (Und Geduld ist nicht gerade Britneys Stärke.) Ich habe immer versucht, ihr die Dinge so leicht wie möglich zu machen. Wenn sie einen Wettbewerb verlor, sagte ich: »Na und? Dann amüsieren wir uns jetzt eben ein bisschen, los, kaufen wir uns ein Eis.« Urteile sind subjektiv. Man weiß nie, welchen persönlichen Geschmack die Leute haben. Also sagte ich: »Brit, wir beide wissen genau, dass du die Beste warst, aber Schönheit liegt im Auge des Betrachters.« Wäre ich eine dieser ehrgeizigen Bühnenmütter gewesen, die so viel von ihren Kindern fordern und hohe Erwartungen in sie setzen, wäre Britney nach jedem kleinen Misserfolg am Boden zerstört gewesen. Sie achtete immer auf meine Reaktion. Wenn ich kein Problem sah, ging es ihr genauso. Und ich war wirklich mit allem zufrieden, denn ich wusste genau, dass es sich zu unserem Besten entwickeln würde.

Manche Leute sagen: »Warum soll man so viel wagen? Warum sich einem solchen Risiko aussetzen? Warum alles durcheinander bringen?« Warum? Weil man ab und zu seinem Schöpfer vertrauen und einfach ins Ungewisse springen muss, auch wenn man nicht genau weiß, wo man landet. Ich vertraute Britney, sie vertraute mir, und wir beide vertrauten Gott. Das war in meinen Augen ein ziemlich guter Plan.

Manche Menschen glauben an gar nichts, und das ist schrecklich. Ob man nun an die Liebe zu seiner Familie oder an die Liebe zu Gott glaubt – in unserem Fall war es beides –, jeder braucht Hoffnung. Genau das bedeutet Glaube für mich: Selbst wenn man sich noch so verloren fühlt, weiß man, dass jemand einen führt. Niemand ist allein. ✿

»Wir alle wussten, dass Gott große Pläne mit Britney hatte.« – Margaret Smith, eine Freundin

Vor meinen Auftritten bete ich gerne mit meinen Tänzern. Das gibt mir viel Kraft.

*Ich weiß genau, wie
viel Glück ich habe. Nicht
jedes Mädchen darf bei der
Weihnachtsbaum-Feier auf
der Rockefeller Plaza auftreten! Ich versuche einfach,
für die wunderbaren Dinge,
die sich in meinem Leben
ereignet haben, dank-
bar zu sein.*

# Die Kraft des Gebets

Ich schreibe jeden Abend in ein Gebetstagebuch. Auf jeder Seite stehen Bibelzitate, und man fügt seine eigenen Gedanken und Gefühle hinzu, bloß ein paar Worte, die man gern festhalten möchte. Manchmal schreibe ich über etwas, das mich traurig gemacht hat, manchmal über Dinge, über die ich mich gefreut habe.

Ich glaube, mein Lieblingssatz ist: »Lebe jeden Tag so, als wäre er dein letzter.« Ich finde das schön und versuche, mich davon leiten zu lassen. Man sollte das Leben in sich aufsaugen, immer mit ganzem Herzen bei allem sein, was man tut, und jeden Moment genießen, wie unbedeutend er auch sein mag. Das Leben ist kostbar, und es macht mir Angst, dass viele Leute das erst zu spät erkennen. Wenn ich Gefahr laufe, es zu vergessen, dann rufe ich einfach Mama oder Tante Sandra an. Sie sind beide Menschen, die die einfachen Dinge zu schätzen wissen. Zum Beispiel gibt es nichts Besseres als ein Glas Eistee an einem heißen Sommertag, oder den Geruch nach frisch gemähtem Gras im Garten. Ich liebe es, wenn Lady, meine Zwergpudeldame, sich auf den Rücken rollt und will, dass ich ihr den Bauch kraule. Ich muss schon lächeln, wenn ich nur daran denke. Gott hat eine wunderschöne Welt erschaffen, und manchmal sind wir so beschäftigt, dass wir all die kleinen und großen Wunder um uns herum nicht mehr bemerken. Deswegen schreibe ich sie auf, damit ich immer daran denke.

Ich bete die ganze Zeit. Jeden Abend vor dem Einschlafen danke ich Gott für alles und bitte ihn, über mich und alle Menschen, die ich liebe, zu wachen. Kurz vor dem Konzert, bevor wir auf die Bühne gehen, fassen wir uns an den Händen – die Tänzer, die Musiker und das ganze Team –, und ich spreche ein Gebet für alle. Es gibt mir viel Kraft und Trost, zu wissen, dass ich mit Gott sprechen kann und dass Er mir zuhört. So sind wir erzogen worden, und meine Familie geht immer noch jeden Sonntag in die Kirche. Ich glaube, ich könnte mein jetziges Glück nicht betrachten, ohne daran zu denken, dass Gott dabei seine Hand im Spiel hatte. ❄

*6*

# Beharrlichkeit zahlt sich aus

## Kleinstadtleben

Ich komme aus einer Stadt, in der jeder jeden kennt. Die Leute hupen und rufen »Hallo!«, wenn sie vorbeifahren. (Obwohl Mama wahrscheinlich sagen wird, dass sie hupen, weil ich so eine schlechte Autofahrerin bin!) Sie sprechen dich auf der Straße an und fragen, wie deine Geometriearbeit in der Schule war. In Kentwood gibt es ein ausgeprägtes Gefühl des Stolzes und der Zugehörigkeit, und jeder kümmert sich hier um jeden. Ich liebe alles an meiner Heimatstadt, von einer kleinen Ausnahme abgesehen: Jeder weiß genau, was jeder andere gerade macht.

Ihr könnt euch vielleicht vorstellen, was in Kentwood los war, als ich anfing, an Talentwettbewerben teilzunehmen und in weit entfernten Großstädten wie New York vorzusprechen. Wir waren im Stadtcafé *das* Thema schlechthin. Jeder hatte etwas dazu zu sagen. Manche hielten meine Familie sogar für total verrückt.

Andere fanden es toll und feuerten mich an, besonders, als ich mit elf Jahren schließlich doch ›Mouseketeer‹ wurde. Die ganze Stadt war auf den Beinen, um mich und Mama zu verabschieden, als wir nach Orlando fuhren, wo die Sendung aufgezeichnet wurde. Alle trugen »Britney Spears Fan Club«-T-Shirts, die sie extra für mich bedruckt hatten, und sie hatten eine riesige Torte gebacken. Sie erklärten diesen Tag sogar offiziell zum »Britney Spears-Tag« in Kentwood. In einer großen Stadt wie New York oder Los Angeles wäre das völlig unmöglich, aber in einer Kleinstadt sind alle eine große Familie.

Heute sind meine Freundinnen aus Kentwood, Laura Lynne, Elizabeth, Jansen, Cortney, Wendy, Erin und Cindy, immer noch meine besten Freundinnen, und ich sorge dafür, dass wir uns nicht aus den Augen verlieren: Briefe, Anrufe, Besuche, das volle Programm! Mit diesen Mädchen war ich im Kindergarten und beim Tanzunterricht, wir kennen uns schon eine Ewigkeit. Viele Leute im Showgeschäft haben den Kontakt zu ihren alten Freunden verloren. Ich finde, das ist so, als würde man den Kontakt mit dem verlieren, was man ist. Auch wenn man noch so beschäftigt ist – man sollte Zeit für die Menschen haben, die einem wichtig sind. Das gilt für die Familie genauso wie für die Freunde. Man braucht nicht mehr als eine Minute, um anzurufen und zu sagen: »Hey, was treibst du denn gerade so?« ❧

# Alles auf Empfang

Ich glaube, Britney ist ganz allein verantwortlich dafür, dass die Mehrzahl der Einwohner von Kentwood sich Kabelfernsehen zulegten! Als sie ›Mouseketeer‹ wurde, wollten alle sie im Fernsehen sehen, aber niemand konnte den Disney Channel empfangen. Also beantragte jeder diesen Kanal, und in kürzester Zeit waren alle angeschlossen und sahen Brit singen, tanzen und spielen. Die Leute reden immer noch davon, wie sie mit Justin Timberlake in voller Lautstärke »I Feel For You« zum Besten gab. In den Lokalnachrichten wurde über sie berichtet; der *Kentwood Ledger* und der *Hammond Daily Star* brachten ununterbrochen Artikel über Britney. Auch außerhalb unserer Stadt wurde Britney langsam zur nationalen Berühmtheit. Wenn sie in Disneyland in Orlando auftauchte, wurde sie von Fans erkannt und um Autogramme gebeten. Es war wahnsinnig aufregend, aber irgendwie war es auch ein bisschen wie ein Traum. Brit hatte sich diesen Erfolg so lange gewünscht und so hart dafür gearbeitet, und endlich wurden ihre Träume Wirklichkeit. ❊

»Britney hat eine ganze Stadt — nicht nur kleine Mädchen, sondern auch Erwachsene — dazu inspiriert, ihre Träume in die Tat umzusetzen. Plötzlich hieß es: ›Wenn sie es schafft, dann kann ich das auch.‹ Sie hat einen wichtigen Beitrag geleistet, und es wird erwogen, ein Schild in Kentwood aufzustellen: Heimatstadt von Britney Spears. « – Buddy Powell, Besitzer des Restaurants ›Golden Corral‹

Wer hätte 1994 geahnt, dass die Kids, die sich auf diesem Mickey Mouse Club-Drehbuch verewigten — Brit, Justin Timberlake und Ryan Gosling — heute so erfolgreich sein würden?

Love + laugh,

# FINAL DRAFT
# #717
# 6/06/94

God
Bless
Britney
Spears

PEACE
AND
HARMONY,

LOVE
ALWAYS,
Justin
Timberlake

Ich kann es immer noch nicht glauben, dass Christina Aguilera und ich uns seit den All-New Mickey Mouse Club-Zeiten kennen. Wir hatten bei der Sendung jede Menge Spaß miteinander.

Hier seht ihr mich mit zwei anderen »Mouseketeers«, rechts Justin Timberlake (er ist jetzt bei NSYNC), links Ryan Gosling (vielleicht kennt ihr ihn als den ›Jungen Herkules‹.)

# MMC-Gefährten

Ich glaube, beim *Mickey Mouse Club* habe ich vor allem gelernt, wie wichtig es ist, Teamgeist zu haben. Einen kleinen Vorgeschmack darauf bekam ich schon, als ich noch in der Grundschule Basketball spielte. Ich war Point Guard und musste den anderen den Ball zuspielen, damit sie ihn in den Korb warfen. Aber damals war ich wahrscheinlich noch zu jung, um zu begreifen, wie wichtig es ist, an etwas teilzuhaben, was nicht nur einen allein angeht.

Anfangs war ich enttäuscht, wenn andere ›Mouseketeers‹ ein Solo singen durften, oder wenn jemand vorne tanzte und ich auf der Bühne im Hintergrund bleiben musste. Aber eines Tages verstand ich plötzlich: Na und? Wir machen das hier zusammen, wir alle tragen unseren Teil dazu bei, eine gute Show zu bieten. Es ist gar nicht so einfach, sich selbst um der Gruppe willen zurückzustellen.

Ich war mit vielen anderen in der Sendung eng befreundet, besonders mit den jüngeren Darstellern, die gleichzeitig mit mir angefangen hatten. Justin Timberlake, Christina Aguilera und ich waren gute Freunde, und das sind wir noch immer. Mein Idol war Keri Russell. Sie war älter als wir und eine ganz tolle Tänzerin. Ich wünschte mir sehnlichst, so lange, lockige Haare zu haben wie sie. Jetzt treffe ich sie manchmal zufällig auf irgendeiner Veranstaltung, und dann legen wir sofort los, so auf die Tour: »Hey, weißt du noch, wie wir für den *Hall of Fame Day* diese bescheuerten Kostüme tragen mussten?« Es ist echt klasse, dass so viele von uns erfolgreich Karriere gemacht haben; denkt nur mal an Justin und J.C. mit NSYNC, oder an Christina Aguilera, oder an Keri in *Felicity*. Es ist wirklich erstaunlich, und wenn die Leute mich fragen, warum gerade unsere Truppe so tolle Sachen auf die Beine gestellt hat, kann ich es nicht erklären. Vermutlich hatte der Casting Director von *MMC* eine besonders gute Nase für Talente.

Auch heute noch gehört *MMC* irgendwie zur Familie. Wir haben alle noch Kontakt, sogar unsere Mütter telefonieren miteinander, und immer wenn ich höre, dass einer der anderen ›Mouseketeers‹ wieder etwas Tolles gemacht hat, freue ich mich riesig darüber.

# Lass dich nicht beirren

Für Kinder, und sogar für Erwachsene, ist es oft viel leichter, das Handtuch zu werfen, als den eigenen Vorsätzen treu zu bleiben. Ihr seid müde, enttäuscht, die Dinge laufen nicht so wie geplant (oder sie laufen überhaupt nicht). Zum Teufel damit, stimmt's? Es gab Zeiten, da war mein Kind so erschöpft, dass ich mich fragte, ob wir das Ganze nicht lieber bleiben lassen sollten. Andere Kinder arbeiten schließlich auch nicht mit elf Jahren; die spielen mit ihren Barbiepuppen, sehen fern oder amüsieren sich mit Videospielen. Aber wie ich schon sagte, Brit wollte es so. Es machte ihr einfach Spaß, auch wenn es Arbeit war, und wenn das nun einmal so war, dann würden wir uns auch darauf einstellen, damit sie alles erreichte, was sie erreichen konnte. Wäre Brit zu schnell enttäuscht gewesen, weil sich nicht alles wunschgemäß entwickelte, dann wären wir nicht weit gekommen. Wenn es darauf ankommt, können wir Spearses sehr hartnäckig sein. Sobald wir fest an etwas glauben, ist es unmöglich, uns davon abzubringen. Die Leute versuchen immer wieder, einen zu verunsichern, und manchmal redet man sich selbst ein, dass man das falsche Ziel verfolgt. Doch Rom wurde auch nicht an einem Tag erbaut, und mit Träumen ist es ganz ähnlich. Wenn man etwas wirklich will, muss man sich dafür ein bisschen Zeit lassen.

Die Konzentrationsspanne der meisten Kinder ist ziemlich kurz, als Lehrerin kann ich das bestätigen. Wenn ich Jamie Lynn und ihre Freundinnen beobachte, muss ich manchmal lachen: Vor ein paar Jahren war es Jamies größter Herzenswunsch, später genauso zu sein wie Belle aus *Die Schöne und das Biest*. Letztes Jahr wollte sie entweder Olympia-Turnerin oder Michael Jordan sein. Im Augenblick möchte sie Sängerin werden, und nächstes Jahr – wer weiß? Vielleicht Präsidentin der Vereinigten Staaten! Sie kann ihre Meinung blitzschnell ändern, und das ist in Jamies Alter auch völlig in Ordnung. Sie soll die Freiheit haben, von ihrer Zukunft zu träumen und alles neugierig zu erforschen. Aber wenn ihr wißt, was ihr wollt (und das wusste Brit von Anfang an), dann solltet ihr dieses Ziel nicht aufgeben, bloß weil es vielleicht schwerer zu erreichen ist, als ihr gedacht habt. Eltern müssen ihre Kinder manchmal ein bisschen anfeuern: »Du schaffst es, das weiß ich ganz genau! Halt durch!« Es ist viel einfacher für Kinder, wenn sie jemanden haben, der ihnen zur Seite steht. ❀

»*Ich kenne niemanden, der so konzentriert und so entschlossen ist wie Britney. ›Das geht nicht‹ gehört einfach nicht zu ihrem Vokabular.*«

– Larry Rudolph, Manager

# In Trance

Wenn ich tanze, kann mich nichts auf der Welt davon ablenken. Einer meiner Manager, Larry Rudolph (ich habe zwei Manager, Larry und Johnny Wright), nennt das »Trance«. So in der Art: »Sprich sie nicht an, sie ist in Trance.« Ich schwöre, Ben Affleck könnte höchstpersönlich hereinspazieren (in den bin ich echt verknallt, müsst ihr wissen), und ich würde ihn nicht mal bemerken. Ich übe die Schritte und Bewegungen immer und immer wieder vor einem Spiegel, zehn, zwanzig, hundert Mal, bis ich mit dem Ergebnis zufrieden bin. Früher habe ich mir nach meinen Auftritten selbst Zeugnisse geschrieben und mir Noten gegeben. Das mache ich heute im Geiste immer noch; ich bin mein allerstrengster Kritiker. Aber wenn ich mich wirklich bemühe, wenn ich alles ausblende, was mich ablenken könnte und mich einfach nur konzentriere, dann denke ich nach einer Weile: »Weißt du, das ist gar nicht so schlecht.«

Du musst üben, wenn du dich verbessern willst. Niemand ist so perfekt (nicht einmal die großen Stars), dass er nicht noch besser werden könnte. Ich möchte nicht immer dieselben Schritte machen, so wie manche das tun. Jedes meiner Videos ist neu konzipiert und neu choreografiert, und das gefällt mir. Ich will mich weiterentwickeln und nicht stehen bleiben – im wahrsten Sinne des Wortes! Meine Tänzer und ich arbeiten wirklich hart daran, die Schrittfolgen zu beherrschen. Die ersten Proben sind manchmal echt komisch: Wir rempeln uns ständig gegenseitig an, bis wir die Schritte kapiert haben. Es kostet viel Schweiß und Muskelkater und Mühe, aber am Ende kommt dann eine geniale Show dabei heraus, auf die wir alle stolz sind. Manchmal denke ich: »Oh Mann, das kriegen wir nie hin.« Aber wir üben es immer wieder, und ehe man sich's versieht, steht die Nummer. ✿

*Meine Tänzer und ich proben sehr viel. Ich habe schon als kleines Kind bis zur Erschöpfung geübt, und es hat sich wirklich ausgezahlt!*

Okay, okay, in Sachen Mode war ich vielleicht nicht immer der absolute Renner. Seht euch bloß mal dieses Kostüm an, das ich als kleines Mädchen bei einem Tanzauftritt anhatte!

# 7

# Die großen Probleme

## Spieglein, Spieglein

Ich weiß noch, dass ich mir mit zwölf oder dreizehn Jahren überhaupt nicht gefiel. Meine Haare fand ich ätzend (zu dünn), meine Nase grauenvoll (zu groß) und meine Zähne absolut furchtbar (sie standen so komisch vor und waren außerdem noch schief). Ich konnte nicht mal meine Füße leiden! Im MMC starrte ich neidisch Keri Russell an und wünschte mir, so auszusehen wie sie. Jetzt, mit achtzehn, gibt es immer noch Augenblicke, wo mich das oben Genannte nicht gerade umhaut, aber zumindest finde ich inzwischen, dank der Zahnspangen, mein Lächeln schön. Im Großen und Ganzen bin ich aber mit meiner Erscheinung ganz einverstanden, und das allein zählt. Man kann sich in seine Nachteile hineinsteigern oder seine guten Seiten betonen: Vielleicht hast du schöne blaue Augen, glänzendes langes Haar oder einen ausgeprägten Sinn für Humor. Jedes Mädchen fühlt sich ab und zu mal unsicher. Was soll man dagegen machen?

Na ja, ihr könnt losziehen und jeden Trend mitmachen, damit ihr so ausseht wie die anderen. Aber dann müsst ihr eine Menge Geld für irgendwelche Klamotten ausgeben. Ihr könnt so reden und euch so benehmen wie die beliebtesten Mädchen in eurer Schule, damit euch alle für cool halten, aber damit macht ihr bloß euch selbst und allen anderen etwas vor. Ihr könnt euch natürlich auch in euer Zimmer zurückziehen und hoffen, dass diese Phase schnell vorbeigeht. Irgendwann aber werdet ihr – genau wie ich – erkennen, dass der einzige Mensch, dem ihr gefallen müsst, ihr selbst seid. Damit will ich nicht sagen, dass ich mein Selbstvertrauen über Nacht gekriegt habe. (Ich weiß noch, dass ich mir in der Junior High School eine Dauerwelle machen ließ, weil das damals total angesagt war, aber ich konnte es kaum erwarten, dass sie endlich wieder rausgewachsen war!) Jetzt kümmere ich mich nicht mehr so sehr darum, was andere denken. Ich ziehe das an, was mir gefällt. Ich gebe auch nicht vor, jemand anders zu sein als ich bin. Ich ziehe mich so an, dass ich mich wohl fühle. Um nichts anderes sollte es beim Thema Mode gehen.

Ich versichere euch jedenfalls, dass die Phase, in der man sein Spiegelbild hasst, vorbeigeht. Mein Blechgrinsen blieb mir nicht für alle Zeiten erhalten, obwohl es mir damals so vorkam. Wenn ich Keri jetzt treffe, denke ich nicht, wie hübsch und selbstsicher sie ist, sondern wie schön es ist, sie zu sehen. Ihr seid nicht allein mit euren Problemen – die meisten Kids fühlen sich irgendwann mal wie hässliche Entlein. Denkt immer daran, dass ihr etwas ganz Besonderes und Wunderbares seid. Manchmal muss man nur ein bisschen genauer hinschauen, um darauf zu stoßen. ❉

»Britney ist so schön. Innerlich und äußerlich. «

– Sandra Covington, Britneys Tante

Was meine Kleidung angeht, habe ich jetzt viel mehr Selbstvertrauen als früher. Man muss einfach zu seinem eigenen Stil stehen.

# Bleib dir selbst treu

Als Brit nach drei Staffeln *Mickey Mouse Club* nach Hause kam, sagte sie, sie wolle jetzt ein Jahr lang ein ganz normaler Teenager sein: zur Schule gehen und Abschlusspartys feiern. Doch es dauerte nicht lange, bis sie merkte, dass ihr das Rampenlicht fehlte. Sie langweilte sich, und ihr Papa und ich konnten sehen, wie unglücklich sie war. Ich glaube, das war eine schwierige Zeit für sie. Sie war gezwungen, ernsthaft darüber nachzudenken, was sie mit ihrem Leben anfangen wollte. Auch für einen Erwachsenen ist das eine schwere Entscheidung, geschweige denn für ein fünfzehnjähriges Mädchen. In der Schule lief alles glatt für Britney. Sie hatte gute Noten, im Jahresbuch wurde sie zur *Miss Beautiful* gewählt. Aber so sehr sie sich auch mühte, sich wieder an das Leben in Kentwood zu gewöhnen, sie war nicht wirklich mit dem Herzen dabei.

Ich glaube, Brit war ein bisschen enttäuscht. Für sie war es wie ein Rückschritt: Es gab keine Herausforderung mehr. Sie hatte bereits die Arbeitswelt der Erwachsenen kennen gelernt, und die anderen in der High School stellten sich so blöd und zickig an. Sie wissen ja, wie Mädchen in diesem Alter sein können: Es ging nur darum, beliebt zu sein und zur richtigen Clique zu gehören. Britney fand das grässlich. Sie verstand einfach nicht, warum nicht alle gleich behandelt wurden, und warum es unmöglich sein sollte, dass ein Sport-Crack mit einem Mitglied des Schachteams befreundet war. Was war daran verkehrt? Britney war immer freundlich zu allen, und sie konnte hinterhältige oder voreingenommene Menschen nicht ausstehen. ❊

*Die ›Mouseketeers‹ wieder vereint. Hier trifft sich Brit mit ihren Freunden Justin und J.C. von NSYNC.*

## Stilfragen

Die Leute fragen mich dauernd: »Britney, hast du schon immer gewusst, was am besten zu dir passt?« Sie wollen meine Kleider kopieren, meine Accessoires und meine Frisur. Was ist eigentlich mein Stil? Das weiß ich gar nicht so genau, denn ich trage gerne unterschiedliche Outfits und probiere ständig etwas Neues aus. Die winzigen Tops und Hüfthosen, die ich in meinen Videos trage, gehören zu der Sorte Klamotten, in denen wir in Kentwood herumliefen (im Sommer ist es dort manchmal mörderisch heiß, also je weniger, desto besser!) Außerdem kann ich gut darin tanzen. Aber ich experimentiere sehr gerne mit Kleidern, Make-up und Frisuren herum, da bin ich ein richtiges Mädchen! Ich halte nichts davon, mich auf einen bestimmten Stil festzulegen, oder, noch schlimmer, jeden Trend sklavisch mitzumachen. Man sollte seinen eigenen Trend kreieren.

Ich bewundere Madonna, die sich immer wieder verändert. Ich glaube, das ist der Grund für ihren anhaltenden Erfolg, während anderen Künstlern irgendwann die Puste ausgeht. Sie versteht es, ihr Publikum immer aufs Neue zu überraschen. In den letzten zwei Jahren habe ich viele verschiedene Frisuren ausprobiert: Lang mit Haarverlängerung, Pony, kein Pony; dann habe ich mir das Haar auf Schulterlänge abschneiden lassen. Ich finde es völlig in Ordnung, wenn man seinen Stil verändert. Man selbst sollte sich ja auch verändern. Könnt ihr euch vorstellen, wie bescheuert ich aussehen würde, wenn ich mit Vierzig noch genauso herumlaufen würde wie jetzt?

Ich hoffe, dass ich andere Mädchen in meinem Alter dazu ermutigen kann, ihren eigenen Stil zu finden, statt mich zu kopieren. Seid mutig, seid einfallsreich, seid unverwechselbar und ausdrucksvoll – und seid stolz auf euch selbst. ❁

# Kleidersorgen

Ich war in modischen Fragen schon immer für Individualität und Einfallsreichtum, aber es wäre gelogen, wenn ich jetzt behaupten würde, dass mir alles gefallen hat, was Britney tragen wollte. Ich rede gar nicht nur von heute; noch auf der Schule machten Britney und ihre Freundinnen ein paar von diesen verrückten Trends mit, die ebenso schnell vergehen, wie sie kommen. Aber das schadet nichts, und deswegen bin ich meiner Meinung nach auch keine schlechte Mutter. Manche Leute kritisieren, dass Britney sich für ihr Alter etwas zu sexy anzieht. Dazu kann ich Folgendes sagen: Sie zieht sich genau passend für den Beruf an, den sie ausübt. Sie ist Popsängerin. Wenn sie auf Preisverleihungen erscheint, dann muss sie schon ein bisschen nach ‚Rock'n'Roll‘ aussehen. Wenn sie auf dem Titelbild einer Musikzeitschrift abgebildet wird, warum sollte sie sich dann nicht auffällig und witzig anziehen? Das sind Kostüme, nicht die Sachen, die sie im Alltag trägt. Sie weiß genau, wie weit sie in punkto Mode gehen kann, was mir gefällt und was ich nicht mag. (Ihre Individualität ist Brit wichtig, aber ihre Mutter muss es absegnen.) Manchmal hält sie etwas besonders Aufreizendes hoch, lächelt und sagt: »Mama, glaubst du, das ist zu sexy?« Na ja, sie kennt meine Antwort natürlich schon im Voraus (»Also Britney, das geht *wirklich* zu weit!«), und dann hängt sie es wieder weg. Wenn ich nicht da bin, kümmern sich Larry, ihr Manager und ihre Freundin Fe um ihre Garderobe, und ich kann Ihnen versichern, die sind manchmal viel konservativer als ich!

Ich war so glück-
lich, dass ich meine
erste Tournee mit NSYNC
machen konnte. Ich
kenne die Jungs alle
schon sehr lange.
Hier bin ich mit
Lance zu sehen.

Also, ihr Bauchnabel-Piercing gefällt mir nicht. Ich sagte: »Britney, wie konntest du dir das nur antun?«, und sie erwiderte: »Aber Mama, das ist doch echt süß!« Tatöwierungen gehen auch über meinen Horizont, ob nun echt oder unecht. Aber welcher Mutter ginge es da schon anders. Brit ist jetzt achtzehn; ich kann sie nicht mehr in Rüschenkleider und Trägerröcke stecken wie damals, als sie neun war. Sie wird langsam zu einer Frau und versucht, erwachsener auszusehen. Das kann ich ihr nicht zum Vorwurf machen. Aber ich habe immer darauf bestanden, dass sie sich passend anzieht, wenn sie irgendwo hingeht. Wenn sie zum Beispiel in perlenbestickten Lederhosen in die Kirche gehen wollte, würde ich sie nicht zur Haustür hinauslassen! So etwas würde Brit aber auch niemals in den Sinn kommen. Sie weiß genau, was richtig und was falsch ist. Wenn wir hinsichtlich ihrer Kleidung unterschiedlicher Meinung sind, reden wir darüber. Reden, nicht streiten. Sobald man einer Tochter in diesem Alter droht (»Das ziehst du auf *gar keinen Fall* an!«), dann tut sie es erst recht, nur um Sie zu ärgern. Versuchen Sie, einen Kompromiss zu finden, reden Sie vernünftig mit ihr und hüten Sie sich davor, die Dinge überzubewerten. Geht die Welt wirklich unter, wenn die Tochter sich die Haare knallig pink färbt? Das wächst doch irgendwann wieder raus. Ist dieser winzige Minirock wirklich so verkehrt, wenn Ihre Tochter am Samstagabend tanzen geht? Zumindest zieht sie den Rock nicht im Supermarkt an.

Britney und ich respektieren unsere unterschiedlichen Ansichten. Meistens finde ich ihre Kleider schön. (Wenn ich so alt wäre wie sie und ihre Figur hätte, würde ich genau dasselbe tragen.) Und was die bauchfreien Tops angeht, über die sich alle so aufgeregt haben - also, da muss ich fast lachen, denn die gehen auf meinen Einfluss zurück. Als ich im Fitness-Center arbeitete, trug ich immer kurze Tops, also kopiert Britney bloß ihre Mama. ✻

# Immer ein offenes Ohr

Ich habe das Gefühl, dass ich Mama alles sagen kann, ohne dass sie ausrastet oder ein vorschnelles Urteil fällt. Sie setzt sich hin und hört mir zu, egal zu welcher Tages- oder Nachtzeit ich auftauche. (Irgendwie habe ich den Hang, um ein Uhr nachts mit irgendwelchen Problemen anzukommen.) So war es schon immer zwischen uns, und ich weiß, dass es bei Jamie Lynn und Bryan nicht anders ist. Klar, als ich größer wurde, war es manchmal ein bisschen peinlich, über Jungs und so zu reden, aber Mama hat es mir immer leicht gemacht. Ich wusste immer genau, wenn wieder mal ein ernstes Gespräch angesagt war; dann fing sie jedesmal an: »Also Britney...« Sie hat es auch verstanden, mir das Gefühl zu geben, ich sei nicht die Einzige, die solche Sachen durchmacht. Sie hat mir Geschichten von sich selbst erzählt, als sie ein Teenager war (sie fand ihre Haare auch ätzend) und wie Tante Sandra sie aufklären musste, weil Oma so prüde war. Ich hatte Glück, dass meine Mama nicht prüde war, denn mein Bruder Bryan war genauso ein scharfer Wachhund wie Papa, und wenn es nach ihm gegangen wäre, hätte ich kein einziges Date mit einem Jungen gehabt. ❋

# Weise Worte

Es gibt kein Patentrezept dafür, wie man mit seinen Kindern über Sex und Drogen redet. Aber irgendwann, meist eher früher als später, muss man es doch tun, wenn man sie vor Schaden bewahren will. Vom religiösen Standpunkt aus gesehen weiß ich, wofür Gott die Sexualität geschaffen hat, und meiner Meinung nach sollte man damit warten, bis man verheiratet ist. Heutzutage wäre es allerdings unrealistisch von mir, die Augen davor zu verschließen, dass viele junge Leute es schon früher ausprobieren. Ich wollte, dass meine Kinder verstehen, was Sex bedeutet (es ist etwas sehr Schönes, das aus Liebe und nicht aus reiner Lust geschehen sollte) und welche Risiken man damit eingeht. Ich wollte, dass sie verstehen, wie gefährlich es ist, Drogen zu nehmen, oder zu trinken und anschließend Auto zu fahren. Spätestens auf dem College sind sie all diesen Gefahren ausgesetzt. Ich weiß auch nicht, was Brit alles zu sehen bekommt, wenn sie arbeitet. Sie reist kreuz und quer durch die ganze Welt, und es ist schwer, immer genau zu wissen, in welcher Stadt sie gerade auftritt, ganz zu schweigen davon, ob sie irgendetwas anstellt! Aber ich weiß, dass ich sie so gut ich konnte darauf vorbereitet habe. Sie kennt meine Einstellung, und ich vertraue darauf, dass sie die richtigen Entscheidungen trifft. Mehr können Eltern nicht tun. Sie können nicht das Leben ihres Kindes leben.

Wenn diese schwierigen Themen zur Sprache kommen, machen Sie sich nicht darüber lustig, belächeln Sie die Neugier und Unschuld Ihres Kindes nicht. Sehen Sie ihm gerade in die Augen und beantworten Sie seine Fragen offen und mit Würde. Wenn Sie Ihren Kindern ein solches Gespräch so angenehm wie möglich machen, dann werden sie auch mit Ihnen darüber reden wollen. Ich glaube, ich hatte schon eine Menge Übung darin, bevor meine Kinder in dieses Alter kamen, weil alle Teenager aus der Nachbarschaft immer zu uns kamen. Ich gab ihnen Ratschläge, half bei den Schularbeiten und war so eine Art Ehrenmutter. Vermutlich fanden die Kinder es einfacher, mit mir zu reden als mit ihren Eltern.

Ihren siebzehnten Geburtstag feierte Brit im Tournee-Bus. Auch wenn ich nicht immer bei ihr sein kann, weiß sie doch, dass sie mich nur anzurufen braucht. (Und wir hängen wirklich viel am Telefon!)

Wenn Britney auf Tournee ist, muss ich einfach darauf vertrauen, dass sie in guten Händen ist. Ich weiß, wie gut sie sich mit ihren Tänzern versteht. Hier ist sie mit T.J. (ganz rechts) und einem Freund zu sehen. Das Bild wurde auf ihrer ersten Tournee aufgenommen. (Diese erste Tournee war für mich am schlimmsten!)

Sie können sich auch nicht jedes Mal zu Tode ängstigen, wenn Ihr Teenager eine Verabredung hat, ohne dass Sie dabei sind und aufpassen. Bei Brit hatte ich Glück: Ich brauchte mir keine Sorgen zu machen, denn ich kannte jeden Jungen in Kentwood. Nicht nur das, ich kannte auch den Vater und den Großvater jedes Jungen. Mit vierzehn fing Brit an, auf Schulfeste und Schulbälle zu gehen, und mit fünfzehn Jahren war sie einmal in der Woche verabredet. Der einzige Streit, den wir jemals hatten, drehte sich darum, dass ihr Freund mehr oder weniger bei uns wohnte. Der Bursche wollte einfach nie nach Hause gehen! Er lümmelte ständig vor unserem Fernseher herum und hatte die Füße auf dem Sofa. Aber wir lösten das Problem: Ich erklärte Britney, dass sie nicht ihre ganze Zeit mit diesem Jungen verbringen könne, sondern sich auch um ihre Familie und andere Leute kümmern müsse. Entweder richtete sie sich danach, oder ich würde Miete von ihrem Freund kassieren müssen.

Britney musste abends immer zu einer bestimmten Zeit zu Hause sein, und daran hat sie sich auch meistens gehalten. Das ist auch jetzt noch so, wenn sie zu Hause ist. Unterwegs kann ich nicht kontrollieren, was sie tut, aber wenn sie unter meinem Dach wohnt, möchte ich wissen, dass sie in Sicherheit ist. Brit und Bryan haben meine Wünsche immer respektiert und sich mir anvertraut. Bry ist inzwischen verlobt; er wird ein sehr nettes Mädchen namens Blaize heiraten, und ich bin schon jetzt hellauf begeistert von meiner zukünftigen Schwiegertochter. (Alle sagen, Bry hätte sich ein Mädchen ausgesucht, das seiner Mama aufs Haar gleicht.) Britney hat keine Probleme, mit ihrer Mutter über Jungen zu reden. Im Moment gibt es da aber nicht viel zu reden, denn sie arbeitet so viel, dass sie kaum zum Schlafen kommt, geschweige denn Zeit für Verabredungen hat. Aber wenn es einmal so weit ist und sie mich braucht, bin ich für sie da. Es gibt kein Problem, das wir nicht lösen können, wenn wir die Köpfe zusammenstecken und darüber reden. ❁

*Manchmal ist es gar nicht so leicht, Mutter zu sein, wenn die Tochter ständig durch die Weltgeschichte reist. Aber ab und zu begleite ich sie auf ihren Reisen (ich reise sehr gern!). Hier sind Brit und ich in Singapur. Sie trat dort für ihre Plattenfirma in einer Show auf, ehe »...Baby One More Time« herauskam.*

»Mein erster Eindruck von Brit, als sie noch klein war, war ›niedliche Kleine‹. Dann sah ich sie auf der Bühne. Wie konnte ein so kleines Mädchen nur eine derart kräftige Stimme haben? Jetzt ist sie wie eine kleine Schwester für mich, und wir halten zusammen wie Pech und Schwefel. Ich habe das Glück, sie besser zu kennen als die meisten anderen: Ich weiß zum Beispiel, dass sie es einfach nicht lassen kann, im Aufzug zu singen (geniale Akustik, behauptet sie immer). Das hat sie von ihrer Mutter, denn Lynne singt auch immer und überall. Obwohl sie nicht ganz so viel Talent hat wie ihre Tochter, sage ich ihr gern, ihr Gesang sei ein Wohlklang in Gottes Ohren.«

– Felicia Culotta, Betreuerin

# With a Little Help from Our Friends

Jeder braucht eine Schulter zum Anlehnen. Brit und ich haben einander, aber wir sind außerdem von zahlreichen Menschen umgeben, die uns lieben. Wir nennen sie unser ›Dream Team‹, weil sie uns dabei geholfen haben, Brits Träume zu verwirklichen. Wenn wir Angst haben, an etwas zweifeln, irgendwie in der Klemme stecken oder ein paar aufmunternde Worte brauchen können, wenden wir uns an sie. In ihrem Berufsleben hat sich Brit eine unglaubliche Truppe zusammengestellt: ihre Manager und Repräsentanten, ihre Leibwächter, ihre Tänzer und das gesamte Team. Sie würde ohne zu zögern jeden von ihnen um Hilfe bitten, wenn es ihr schlecht geht, und diese Menschen würden alles für Brit tun.

Doch nicht nur Stars brauchen Menschen, die sie unterstützen. Das tut jedem gut: ihren Freundinnen im Büro vielleicht, den Zeltgenossen im Ferienlager, den Nachbarn zwei Häuser weiter. Egal, wer diese Menschen sind, Sie sollten sich bei ihnen wohl fühlen und Vertrauen zu ihnen haben. Das sind die Leute, die sich nicht beschweren, wenn Sie sie um zwei Uhr nachts in einem Anfall von Panik anrufen.

Es ist sehr wichtig, dass man Leute hat, denen man rückhaltlos vertrauen kann und über deren Beweggründe man sich keine Gedanken zu machen braucht, wenn man in Schwierigkeiten steckt. Für uns war es besonders wichtig, solche Leute zu finden, denn Brit war noch ein Teenager, als sie »Baby« aufnahm und das Album herauskam. Wir brauchten Menschen, die ihr weiterhelfen und gleichzeitig auf sie aufpassen konnten.

Kurz nachdem Britney beschlossen hatte, Kentwood wieder den Rücken zu kehren und erneut ins Showgeschäft einzusteigen, rekrutierten wir das erste Mitglied ihres Teams. Ich erinnere mich, dass wir wieder mal eine Familienversammlung einberiefen und beschlossen: »Okay, sehen wir mal, wie es läuft, wenn Britney sich ganz aufs Singen konzentriert.« Tatsächlich kam prompt ein Angebot für Brit, in einer reinen Mädchengruppe namens *Innosense* mitzusingen. Das war zwar toll, aber auch problematisch. Wir waren nicht sicher, ob dies das Beste für Britney war – sie hatte sich immer als Solosängerin gesehen, nie als Teil einer Gruppe. Wieder mussten wir das Für und Wider abwägen, und diesmal brauchten wir Hilfe bei der Entscheidung.

In den letzten Jahren hatten wir regelmäßig Kontakt zu einem Anwalt aus der Unterhaltungsindustrie in New York City gehalten; sein Name war Larry Rudolph. Er hatte Brit kennen gelernt, als sie dreizehn Jahre alt war. Damals gingen ihr Vater und ich mit ihr in Larrys Büro, und Brit sagte kaum ein Wort. Larry erklärte uns, die Marktlage sei im Augenblick für junge Popsängerinnen nicht günstig. Pop verkaufe sich nicht besonders (Hip-Hop war angesagt), und er sei überzeugt, dass sich der Musikgeschmack wieder ändern würde. Wir sollten nur ein bisschen warten.

Jetzt riefen wir Larry an und baten ihn um seine Meinung. Sollte Brit das Angebot, bei *Innosense* mitzumachen, annehmen? Der Manager der Gruppe hatte uns zwei Wochen Bedenkzeit gegeben. Larry hörte zu und klang schon etwas optimistischer. Mittlerweile feierten die *Backstreet Boys* riesige Erfolge, alle rissen sich um *Hanson*, doch was der Musikindustrie wirklich fehlte, war eine Künstler*in* im Teenageralter. Larry wollte keine falschen Versprechungen machen, aber er hatte das Gefühl, dass Britney kurz vor ihrem großen Durchbruch stand und eine Solo-karriere der richtige Weg für sie war. ❊

»*Alle Stars haben etwas Unerklärliches in ihrer Ausstrahlung - es lässt sich nur schwer in Worte fassen, aber ich wusste genau, dass Britney es hatte. Als sie dreizehn Jahre alt war, fand ich sie süß, aber als ich Fotos von der Fünfzehnjährigen sah (sie war das schönste Mädchen, das sich ein Plattenlabel nur wünschen konnte) und ihre Stimme auf Band hörte, war ich von ihrem zukünftigen Erfolg überzeugt.*«

– Larry Rudolph, Manager

*Hier ist Brit mit ihrem zweiten Manager Johnny Wright zu sehen. Sie vertraut ihm voll und ganz, und das tue ich auch.*

# Auf dem richtigen Weg

Ich kann total verstehen, warum Larry nicht wusste, was er uns raten sollte. Zwischen Dreizehn und Fünfzehn kann sich eine Menge ändern. Was wäre, wenn ich plötzlich aussehen würde wie der letzte Heuler, oder wenn meine Stimme sich verändert hätte? Wenigstens war er ehrlich, und das gefällt mir am besten an Larry. Er sagt genau das, was er denkt und redet nicht um den heißen Brei herum.

Er bat uns, ihm ein paar aktuelle Fotos und ein Demo-Tape von mir zu schicken. *Demo-Tape?* Sollte das ein Witz sein? So etwas besaß ich überhaupt nicht. Habt ihr eine Ahnung, was es kostet, ein Demo-Tape aufzunehmen? Aber Larry sagte, es sei egal, was für Aufnahmen ich ihm schicken würde, Mama sollte mich einfach auf Cassette singen lassen. Das taten wir dann auch und sandten das Ergebnis an Larry.

Durch irgendein kleines Wunder gefiel ihm, was er sah und hörte. Er sagte, er wollte mich bei verschiedenen Labels vorstellen, aber als Erstes bräuchte ich ein besseres Demo-Tape. Wir hatten kein Geld, um Studiomusiker zu bezahlen, und die Zeit war knapp. Also ließ Larry seine Beziehungen spielen: Er bat einen Musikproduzenten, den er als Anwalt vertrat, ihm die Aufnahme eines Songs zu schicken, der gerade aus einem Album herausgenommen worden war, an dem der Produzent mit Toni Braxton arbeitete. Das Lied hieß »Today« und war für Toni »zu poppig«, aber Larry fand, für mich sei es gerade richtig. Er schickte uns zwei Versionen, eine Instrumentalversion und eine, auf der Toni dazu sang. Ich lernte das Lied, indem ich ihren Gesangsstil kopierte.

Dann gingen wir in ein Musikstudio in Louisiana, nahmen meinen Gesang auf und legten meine Stimme über die Musik. An einem Donnerstagmorgen flog ich mit Larry nach New York. Wir sprachen an einem Tag in sechs verschiedenen Büros vor: bei zwei Musikproduzenten und vier Plattenfirmen. In jedem Büro musste ich singen (zu irgendwelchen Karaoke-Tapes, etwas anderes hatte ich nicht) und Fragen von einem ganzen Haufen Top-Managern aus der Musikbranche beantworten. Oh Mann, ich war mein ganzes Leben lang noch nie so aufgeregt wie an diesem Tag! Ich habe schon immer gesagt, dass ich überhaupt kein Problem damit habe, vor fünfzigtausend Menschen zu singen, aber setzt mich in ein Zimmer, wo mich vier Leute anstarren, und ich bin das reinste Nervenbündel! Larry würde bestimmt sagen, er wüsste nicht, wer von uns beiden damals nervöser war, er oder ich. Er stand die ganze Zeit neben mir und versicherte mir, dass ich das ganz prima hinkriegen würde.

An diesem Abend flog ich völlig ausgepowert nach Hause zurück. Aber ich wusste, dass ich mein Bestes gegeben hatte. Ich erinnere mich, wie ich aus dem Flugzeugfenster schaute, während wir in die Wolken aufstiegen und mich fragte, was die beiden nächsten Wochen wohl bringen würden. ❈

# Warten auf Antwort

Wir kauten auf unseren Nägeln herum, bis Larry schließlich anrief: Zwei der Plattenlabels hatten Britney abgelehnt, eines war noch unentschieden, und JIVE hatte noch nichts von sich hören lassen. Doch Larry war sehr optimistisch. Clive Calder, der Chef von JIVE, war ein sehr kluger Mann, der Britneys potenziellen Marktwert bestimmt erkennen würde. Larry sollte Recht behalten; Clive wollte Britney unter Vertrag nehmen, allerdings mit einer kleinen Einschränkung. Er bestand auf einer Klausel, die ihm das Recht einräumte, innerhalb von neunzig Tagen von dem Vertrag zurückzutreten. Wenn ihm das, was Britney im Studio aufnahm, nicht gefiel, konnte er den Vertrag kündigen. Nun, das war nicht gerade ein Vertrauensbeweis, aber wir freuten uns trotzdem. Außerdem war es schließlich nicht das erste Mal, dass Britney beweisen musste, was in ihr steckte. Wir waren felsenfest überzeugt, dass sie alle begeistern würde, und wir behielten Recht – nach nur einem Monat rief Clive Larry an und sagte, Britney sei fantastisch, viel besser, als er erwartet habe, und er sei absolut sicher, dass das Album ein Riesenerfolg werden würde.

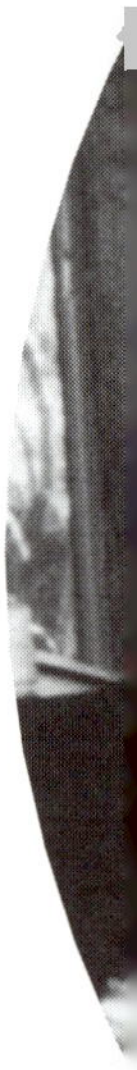

# *Eine Freundin namens Fe*

Sobald der Vertrag unterzeichnet war, brachte JIVE mich mit zwei ganz tollen Produzenten zusammen: Eric Foster White in New Jersey (er hatte mit Whitney Houston zusammengearbeitet) und Max Martin in Stockholm (er hatte Alben für die Backstreet Boys, Ace of Base und Robyn produziert). Ich würde also viel reisen müssen und kaum zu Hause sein. Mama hatte eine zweite Klasse zu unterrichten und musste sich außerdem um Jamie Lynn kümmern, die erst fünf Jahre alt war. Ich brauchte also unbedingt jemanden, der mich bei diesem großen Abenteuer begleitete.

Auftritt Felicia Culotta. Alle nennen sie nur Fe, und irgendwie passt das auch besser zu ihr. Sie passt auf mich auf und begleitet mich überallhin, aber für mich ist sie wie eine große Schwester. Wir kennen uns schon lange; wir haben uns durch Jill, die Freundin meiner Mutter, kennen gelernt. Ich war damals ungefähr acht Jahre alt und sollte auf einem Kunsthandwerk-Festival auftreten. Das Festival fand auf Oak Alley statt, einer wunderschönen Plantage in Louisiana, die von Jills Schwester geleitet wurde. Jedenfalls fuhr Fe an diesem Wochenende mit uns zusammen dorthin. Wir beide saßen auf dem Rücksitz, und Mama und Jill saßen vorne und waren am Schwatzen. Fe war nett, aber ich war ziemlich schüchtern und sagte nicht viel, sodass es für uns beide eine ganz schön lange Fahrt war. Auf dem Fest gab es alles Mögliche zu kaufen: Kerzen, Tücher, gehäkelte Pullover, schöne Gläser und Schnitzereien. Ich konnte mich kaum von einem Stand mit süßen kleinen Puppen losreißen, und Mama versprach mir, dass sie mir nach meinem Auftritt eine davon kaufen würde (ich bekam fünfzig Dollar und Essensgutscheine als Gage).

Mama machte mich für den Auftritt zurecht wie immer: Sie nahm ihren Lippenstift und betupfte mir damit Lippen und Wangen. (Dabei kam ich mir immer wahnsinnig toll vor!) Ich sah

Ich hatte ein Riesenglück,
dass ich mit Eric Foster White
für »...Baby One More Time« arbeiten konnte. Er ist ein fantastischer
Produzent und obendrein noch sehr
nett (seine Frau Karin übrigens auch).
Ich würde wirklich gerne Gitarre
spielen lernen, und als dieses Foto
aufgenommen wurde, hat er mir
gerade ein paar Griffe gezeigt.

»Vom ersten Augenblick an war mir klar, dass Britney ein Mensch war, den alle mögen wür-den. Ich wusste genau, dass sie auf der ganzen Welt Erfolg haben würde.« – Max Martin, Produzent

Über Miss Fe kann man gar nicht genug sagen! Ich bin ja so froh, dass sie in unser Leben getreten ist.

Hier blödeln Fe und Brit herum, aber ich weiß genau, dass ich mich auf Fe verlassen kann, wenn es darum geht, für meine Kleine zu sorgen.

gut aus, wenn ich das mal einfach so sagen darf, aber der letzte Schliff fehlte noch: ein Paar Ohrringe. Mama hatte ihre vergessen, also gab mir Fe schnell ihre eigenen. Es waren große, silberne Ringe, und ich fand sie einfach super.

Ich ging auf die Bühne und begann zu singen, und schon bald versammelte sich eine Menschenmenge vor der Bühne. Es dauerte nicht lange, und Hunderte von Leuten drängten sich auf der Wiese vor der Bühne. Mir machte das richtig Spaß. Fe stand mit Mama und Jill ganz vorne und sah total erstaunt aus. Nachdem ich mich verbeugt hatte, sprang ich von der Bühne, packte Fe an der Hand und schleifte sie mit, um eine Puppe zu kaufen. Das war der erste Akt unserer Freundschaft.

Ungefähr sieben Jahre später folgte der zweite. Fes Verbindung mit Mama war nicht abgerissen; sie hatten sich meist in der Weihnachtszeit gesehen, und zu jener Zeit hatte Fe Louisiana den Rücken gekehrt, um als Kindermädchen in Westchester, New York, zu arbeiten. Als Mama sie anrief und sagte, wir seien in New York City, hatte Fe gerade beschlossen, ihren Job zu kündigen und sich nach etwas anderem umzusehen. Mama lud sie zum Essen ein und rückte dann mit ihrem Anliegen heraus. Sie sagte, sie habe bei der Einladung einen Hintergedanken gehabt: Ich wäre im Begriff, mein erstes Album aufzunehmen, und sie brauche jemanden, der mich betreute. Es wäre ihr am liebsten, wenn eine Freundin der Familie diese Aufgabe übernehmen würde, aber sie wollte Fe nicht von ihrem alten Job abwerben. (Mama konnte ja nicht wissen, dass Fe gerade gekündigt hatte.) Fe dachte darüber nach – vielleicht überlegte sie, dass sie ja schließlich irgendein Einkommen haben musste – und erklärte sich schließlich bereit, drei Monate lang auf mich aufzupassen. Mama versprach ihr, dass ich keinen Ärger machen würde, aber ich weiß nicht genau, ob Fe ihr glaubte und ob sie die Vorstellung, mit einem Teenager quer durch die Welt zu ziehen, so berauschend fand. Ich war auch nicht gerade hin und weg von der Idee, wir kannten einander damals nicht besonders gut, und ich wusste nicht genau, was ich von einem zweiunddreißigjährigen Kindermädchen halten sollte. Das Allerletzte, worauf man als Fünfzehnjährige scharf ist, ist ein Babysitter, der einem ständig an den Hacken klebt.

Miss Felicia
und ich im
»Baby«-Video.

Glücklicherweise verstanden wir uns auf Anhieb, wahrscheinlich weil Fe so absolut cool ist. Sie hat mich auf Schritt und Tritt begleitet. Sie mag es nicht, wenn man sie als meine Betreuerin oder gar als Anstandsdame bezeichnet (ich glaube, dann kommt sie sich einfach zu ernst und erwachsen vor), deswegen sage ich immer nur: »Fe kümmert sich um mich.« Genau das tut sie auch, ob sie nun dafür sorgt, dass ich morgens mein Frühstück esse ( sie weiß, dass ich am allerliebsten pochierte Eier mag), mich ins Studio scheucht, weil ich mal wieder zu spät dran bin (niemand kann so gut wie sie brüllen »Nur noch fünf Minuten! Nur noch fünf Minuten!«) oder ob sie Fotos für mein Reisetagebuch macht (ihr würdet staunen, was für tolle Fotos Fe mit einer Wegwerfkamera schießen kann!). Sie ist wie meine rechte Hand, und ich weiß nicht, was ich ohne sie machen würde. Erinnert ihr euch an die Lehrerin in meinem »...Baby One More Time«-Video? Das ist Miss Felicia (ich kann euch beruhigen: In Wirklichkeit trägt sie diese bescheuerte Brille nicht!). Ich musste ihr einfach die Gelegenheit geben, auch mal ein großer Star zu sein.

Wir sind so froh, dass wir uns begegnet sind, und das nicht nur ein, sondern gleich zwei Mal. Fe hat dafür gesorgt, dass die ersten, verrückten Tage viel lustiger und weniger beängstigend waren, als ich mein Album aufnahm. ✿

»Zu ihrem achtzehnten Geburtstag bekam Brit von ihrer Plattenfirma eine Halskette mit einem Diamanten geschenkt, und sie konnte es einfach nicht fassen, wie schön diese Kette war. Sie sagte: ›Schauen Sie mal, Miss Margaret, ist die nicht toll? Und sie gehört mir!‹ Dann sagte sie, ich könnte sie mir jederzeit ausleihen. Brit ist wirklich ein ganz besonderes Mädchen. Alles, was sie hat, will sie mit den Menschen, die sie liebt, teilen.« – Margaret Smith, eine Freundin

Das war ein schwerer
Augenblick für mich:
Ich schickte Brit zusammen
mit Fe zu ihrem ersten Konzert.
Am Flughafen kamen mir dann
doch die Tränen, aber es war
deutlich zu sehen, dass Brit
und Fe sich bestens
verstehen würden.

# Eine Ersatz-Mama

Es ging einfach nicht anders. Brit musste herumreisen, und ich konnte Jamie Lynn nicht ein ganzes Jahr lang allein lassen. Außerdem gab es neben meiner eigenen Tochter auch noch andere Kinder in der Grundschule von Springcreek, deren Klassenlehrerin ich war, und Britneys Papa musste auch arbeiten. Keine Mutter gibt ihr Kind gern in fremde Hände, und ich war mir meiner Sache natürlich auch nicht hundertprozentig sicher, als ich Fe als Aufpasserin engagierte. Es ist schwer, sein Kind der Fürsorge eines anderen Menschen anzuvertrauen. Denken Sie nur daran, was für genaue Anweisungen Eltern dem Babysitter hinterlassen, wenn sie bloß mal abends essen gehen wollen. Ich sollte mich mehrere Monate von Brit trennen; Sie können sich also ausrechnen, was für eine meterlange Liste ich der armen Fe aushändigte! Ich sagte ihr, dass der wichtigste Teil ihres Jobs – noch wichtiger, als nur auf Brit aufzupassen – sei, dafür zu sorgen, dass Brit sich ihre gesunde innere Einstellung bewahrte. Das habe ich ihr bestimmt mindestens fünfzig Millionen Mal gesagt! Früher war ich immer dabei gewesen, um mein Kind zu ermuntern und anzufeuern. Selbst wenn sie mitten in der Tanznummer ihren Hut fallen ließ, konnte sie mich mit hoch gerecktem Daumen vorne an der Bühne stehen sehen. Jetzt musste Fe diese Rolle übernehmen. Und sie macht das wirklich hervorragend; sie sorgt dafür, dass Brit bei ihrer Arbeit immer ein gutes Gefühl hat.

Ich setzte also mein ganzes Vertrauen in Fe, und sie erwies sich wirklich als Geschenk Gottes. Sie kümmert sich nämlich nicht nur um Britney, sondern auch um mich. Manchmal ist Brit im Studio beschäftigt und kann nicht telefonieren. Dann ruft Fe mich an und sagt: »Hör mal, Lynne, mach dir keine Sorgen. Es geht ihr prima.« Sobald ich doch anfange, mir Sorgen zu machen, rufe ich mir ins Gedächtnis, dass Fe Brit liebt und sie beschützt wie ihre eigene Tochter. Man betet immer, es möge einen Schutzengel geben, der über das eigene Kind wacht: Wir hatten Glück, dass unser Engel gerade auf der Suche nach einem neuen Job war. ✿

# Alles fügt sich zusammen

Zuerst fuhr ich mit Fe nach New York, um dort mit Eric Foster White zu arbeiten. Er war sehr nett und ließ mir viel Freiraum, als es ans Aufnehmen ging. Außerdem hat er mir auch beigebracht, wie man Darts spielt - ich bin inzwischen ziemlich gut darin. Kennt ihr die Zeile aus »From the Bottom of My Broken Heart«: »You drove a dart straight through my heart?« Ratet mal, wie wir darauf gekommen sind! Fe hat uns auch inspiriert. Eric hat »E-mail My Heart« geschrieben, nachdem er ihr gezeigt hatte, wie sie e-Mails an ihren Freund schicken konnte.

Er und seine Frau Karin wurden richtig gute Freunde für mich, und ich habe mich bei ihnen wie zu Hause gefühlt, wenn ich meine Familie vermisste. Ich habe in dieser Hinsicht Glück mit allen Menschen gehabt, mit denen ich zusammengearbeitet habe: Alle haben mich sozusagen als eine Art Ehrenmitglied in ihre Familie aufgenommen. Thanksgiving habe ich zusammen mit meinem Manager Larry und dessen Familie verbracht, und mehrere Geburtstage habe ich unterwegs mit meinen Tänzern gefeiert. Mama hat immer gesagt, die Familie sei das Wichtigste im Leben, also kann ich von Glück sagen, dass es in meinem Leben so viele verschiedene Familien gibt. Man muss nicht verwandt sein, um sich verwandt zu fühlen.

*Larry Rudolph, der Mann auf der rechten Seite, ist der beste Manager, den ich mir nur wünschen könnte. Er hilft mir nicht nur bei meiner Karriere, er ist auch ein guter Freund. Hier seht ihr mich und ihn zusammen mit Max Martin, meinem Superproduzenten (er hat dafür gesorgt, dass der Sound von »Baby« so toll rüberkam) bei den MTV Video Music Awards.*

Meine nächste Familie, mit der ich fast ein ganzes Jahr verbrachte, spricht eine völlig andere Sprache. Schweden, die zweite Station, die auf dem Fahrplan für meine Aufnahme vorgesehen war, war meine erste Auslandsreise. Ich war aufgeregt und hatte ziemliche Angst. Der Flug machte alles noch schlimmer; solche Turbulenzen habe ich nie wieder erlebt. Ich erinnere mich, dass ich zur Toilette ging und anschließend nicht mehr bis zu meinem Platz kam, weil die Maschine so wackelte. Ich fing an zu weinen, und Fe konnte nicht zu mir kommen – die Flugbegleiter erlaubten nicht, dass sie ihren Sitzgurt löste. Schließlich schaffte ich es, mich hinzusetzen, und für den Rest der Reise saß ich mit total zusammengekrampften Händen da und betete, was das Zeug hielt. Sobald wir gelandet waren, verkündete ich, dass ich nie wieder einen Fuß in ein Flugzeug setzen würde. Die arme Fe sah uns schon per Schiff nach Amerika zurückfahren! Glücklicherweise änderte ich meine Meinung, nachdem ich mich beruhigt hatte, aber ich finde Fliegen immer noch ätzend.

Stockholm ist eine schöne Stadt; ich habe allerdings nicht viel davon gesehen. Meistens arbeiteten wir von zwei Uhr mittags bis zwei Uhr nachts, mit einer Stunde Pause zum Abendessen. Ich bin ein ziemlicher Morgenmuffel. Meine Stimme wacht erst gegen Mittag auf, also konnten wir in dieser Zeit am besten arbeiten. Max Martin war wirklich klasse, und die Musiker auch. Sie waren alle Schweden, wahnsinnig lustig, und ich hatte richtig das Gefühl, zu Hause zu sein. Es dauerte etwa ein Jahr, bis die Aufnahme stand, und in dieser Zeit wurde ich sechzehn. Ein paar der Lieder waren die Sorte Pop, bei der man sich gut fühlt und Lust zum Tanzen kriegt. Andere, zum Beispiel »From the Bottom of My Broken Heart«, das ich mit Eric zusammen aufgenommen habe, waren sehr gefühlvoll. Die meisten drehten sich um Liebe und Beziehungen. Ich hatte an der Schule nur einmal einen festen Freund gehabt, mit dem ich zwei Jahre lang zusammen war, also kannte ich die meisten Gefühle, von denen ich sang, noch gar nicht. Aber Max stärkte mir den Rücken und zeigte mir ein paar echt coole Stimmtechniken. Als ich langsam lockerer wurde, kam auch noch einiges von meinem eigenen Stil und meiner persönlichen Einstellung dazu.

Ich glaube, der Song, der mich auf Anhieb umgehauen hat, war »...Baby One More Time.« Wir saßen bereits seit sechs Monaten an dem Album, als Max mir das Lied vorspielte. Mit einem Wort, es war einfach... *Wahnsinn*. Max ging es genauso, und wir beschlossen, diesen Song als erste Single herauszubringen. Nie werde ich den Tag vergessen, als sie ausgeliefert wurde: 23. Oktober 1998. Ich habe so ein Glück, mit Max arbeiten zu können, er hat wirklich ein unglaubliches Gespür – er weiß nicht nur, was ein tolles Lied ausmacht, er erkennt auch, welche Lieder ich gerne singen würde. ❇

# Der entscheidende Moment

Es verschlägt mir immer noch den Atem, wenn ich daran denke, wie ich zum ersten Mal eines von Britneys Liedern im Radio hörte. Ich gab gerade Unterricht im Fitness-Center, und Gott sei Dank war meine Freundin Jill auch da. Erinnern Sie sich an die Schulter, die man manchmal zum Anlehnen braucht? Wenn ich jemals dringend eine Schulter gebraucht habe, dann in diesem Augenblick. Ich konnte einfach nicht aufhören zu weinen (ich machte eine richtige Szene) und steckte auch Jill an. Wir heulten den ganzen Tag. Ich kann meine Gefühle gar nicht erklären: Erleichterung, Freude, Dankbarkeit – glücklicherweise brauchte Jill keine Erklärungen. Meine Tochter sang im Radio, so, wie sie es sich immer gewünscht hatte. Dieser Moment war jedes Opfer und alles, worauf wir als Familie verzichtet hatten, um Britneys Träume Wirklichkeit werden zu lassen, wert. Ich glaube, ich habe es jedem erzählt, den ich kannte. Den ganzen Abend über klingelte das Telefon, weil die Leute uns gratulieren wollten. ❁

# *Erkennen Sie die Melodie?*

Ich kam gerade nach einer langen Reise nach Kentwood zurück, und als ich eben auf den Rücksitz von Mamas Wagen rutschte, hörte ich die ersten fünf Töne im Radio. Ich habe geschrien wie am Spieß! Ich dachte, es wäre Schicksal, dass das Lied genau in dem Augenblick anfing, als wir ins Auto stiegen – aber das war kein Schicksal, das war ganz allein Mamas Werk. Sie hatte den ganzen Morgen über den Radiosender in New Orleans angerufen und die Leute dort bearbeitet, das Lied genau dann zu spielen, wenn ich ankommen würde. Ich konnte nicht glauben, dass das da im Radio wirklich meine Stimme war, und dass mein Song jetzt schon gesendet wurde. Ich glaube, ich habe die Scheibe runtergekurbelt und das Radio voll aufgedreht, sodass jeder im Flughafen-Parkhaus es hören konnte. Ich bin echt total ausgerastet. Aber das war erst der Anfang.

Ich trat in verschiedenen Einkaufszentren auf – JIVE hielt es für wichtig, dass mein Name und meine Musik überall bekannt wurden – und ging als Vorprogramm mit NSYNC auf Tournee (das war total cool, schließlich bin ich mit Justin und J.C. noch aus unseren MMC-Tagen befreundet). Zuerst waren die Mädchen im Publikum nicht gerade begeistert, wenn ich auf die Bühne kam. Sie waren viel zu sehr damit beschäftigt, den Jungs »Ich liebe dich!« zuzurufen. Aber nach einer Weile konnte ich sie dann doch packen. Die Tournee war nicht einfach – wir waren ständig im Bus unterwegs, und ich hatte oft Heimweh, aber ich lernte viel und wurde erwachsener. Die Band, das Team und die Tänzer waren echt klasse, und wir hatten jede Menge Spaß. ❁

# Eine neue Einstellung

Ihr werdet nicht schwächer, wenn euch andere Menschen helfen. Im Gegenteil, das stärkt das Selbstvertrauen und macht euch unabhängiger. Das sehe ich deutlich an Britney: Sie ist jetzt mutiger und selbstbewusster, weil sie weiß, dass wir alle hinter ihr stehen. Sie rief mich an, als man ihr gesagt hatte, wie ihr erstes Video aussehen sollte. »...Baby One More Time« sollte eine Art Comic im Space-Ranger-Stil werden. Britney sagte: »Mama, wenn ich das mache, stehe ich da wie eine Idiotin.« Ich ermunterte sie, ihre Meinung zu sagen und zu erklären, wie sie sich die Sache vorstellte. Genau das tat sie auch, und Nigel Dicks, der Regisseur, hielt es für eine hervorragende Idee. Brit schlug vor, dass eine Gruppe von Kids ungeduldig darauf warten sollte, dass die Schulglocke ertönt – und der Rest ist Geschichte (und ein tolles Video).

Brit hat keine Angst mehr, ihre Meinung zu sagen. Warum? Weil sie weiß, wer sie ist, und weil sie ihr Publikum kennt. Sie kann sicher sein, dass es viele Menschen gibt, die fest an sie glauben. All diesen Menschen, Fe, ihre Manager Larry und Johnny und ihren Produzenten Max eingeschlossen, vertraut Brit und weiß, dass sie sie nicht fallen lassen werden und ihr dabei helfen, als Bühnenstar, Künstlerin und Persönlichkeit zu wachsen.

Britney hat viele
junge Fans. Sie liebt
sie alle, denn sie weiß
genau, was es heißt, ein
Fan zu sein. Sie hätten
sie mal sehen sollen, als
sie Mariah Carey und
Whitney Houston
kennen lernte!

# Auf der Überholspur

Manchmal kneife ich mich morgens beim Aufwachen, um sicher zu sein, dass dies alles nicht nur ein Traum ist. Ich habe gehofft, Erfolg zu haben und habe darum gebetet, aber genau weiß man so etwas ja nie. Man denkt sich, vielleicht kriege ich ein kleines Stück vom Kuchen, vielleicht lohnt sich die Plackerei wenigstens ein bisschen, aber dass es so kommen würde, habe ich nicht geahnt! Es ist mehr als alles, was wir uns jemals erhofft haben. Manchmal lache ich vor lauter Glück laut; manchmal bin ich auch ganz still und in mich gekehrt, wenn ich daran denke, was für ein Glück ich habe. Dann sage ich: »Mama, kannst du das alles glauben?« Darauf antwortet sie: »Klar kann ich das!«, und wir kreischen beide los wie die Verrückten.

Ich bin so ein Glückspilz. Ich tue genau das, was mir am meisten Spaß macht und werde auch noch dafür bezahlt! Es gibt fast nur angenehme Seiten an meinem Erfolg. Aber es gibt auch ein paar Dinge, die mir nicht so gut gefallen. Mama sagt immer: Wo Licht ist, ist auch Schatten. Aber ist das wirklich so schlimm? Ich finde nicht. Ich glaube, man weiß die guten Seiten mehr zu schätzen, wenn man die schlechten kennen gelernt hat. Dann hat man einen besseren Überblick.

Das, was ich tue, ist für mich das Größte. Es gibt nichts Schöneres, als das Publikum zu sehen und zu hören, wie es mitsingt und jede Zeile deiner Lieder auswendig kennt. Das ist ein unglaublicher Kick, du weißt, du hast die Menschen irgendwie berührt. Kleine Mädchen sparen ihr Taschengeld, um meine CD zu kaufen, genau wie ich früher mein Taschengeld für jedes neue Madonna-Album zusammengekratzt habe. Das ist wirklich ein tolles Gefühl.

Manchmal kommen Kids zu mir und sagen: »Britney, ich möchte genauso sein wie du!« Das ist natürlich sehr lieb und schmeichelhaft, aber ich wollte bestimmt kein Idol werden. Falls ich es doch geworden bin, dann bin ich stolz darauf, aber ich habe mein Leben bestimmt nicht verändert, weil andere plötzlich zu mir aufsehen. Ich verhalte mich kein Stück verantwortungsbewusster als früher – ich war sowieso noch nie rebellisch oder irgendwie durchgedreht. Ich bin genauso wie früher, und wenn das den Kids gefällt, dann ist das eine Ehre für mich. Aber sie sollten mich nicht zu ihrem Idol machen. Ich bin ganz normal, und vor noch gar nicht langer Zeit war ich auch noch eine von ihnen. Ich finde es irgendwie unangenehm, mein Gesicht auf T-Shirts und Kalendern und so weiter zu sehen, denn dann denke ich immer: »Hey Leute, das bin doch ich! Das ist nicht Brad Pitt oder so!« Eine von diesen Britney-Puppen, die mir überhaupt nicht ähnlich sehen, nenne ich immer »Monster Britney«; dann könnten Fe und ich uns schlapp lachen.

Etwas ganz Tolles an meinem Job ist das Reisen und all die vielen Menschen und Städte, die ich schon gesehen habe: London, Paris, Japan, Schweden. Foto-Sessions finde ich auch genial: Ich ziehe coole Klamotten an, und meine Haare und mein Make-up werden total gestylt. Laura Lynne und ich haben uns schon als kleine Mädchen gerne schön angezogen und uns Lippenstift übers ganze Gesicht geschmiert; in dieser Beziehung hat sich also nicht viel verändert.

Ich gehe auch wahnsinnig gerne zu Preisverleihungen. Ich finde es super, wenn die Leute mich erkennen – nicht, dass ihr mich jetzt falsch versteht –, aber noch toller ist es, dass ich dann plötzlich meinen Kindheits-Idolen Auge in Auge gegenüberstehe. Ich raste wirklich *aus*, wenn ich sie hinter der Bühne sehe oder ganz in meiner Nähe im Publikum entdecke. Bei den MTV Europe Awards ging das in einer Tour so: »Mariah, ich finde dich ja so toll!« und »Whitney, Mensch, siehst du klasse aus!« Ich habe mich mit ihnen fotografieren lassen. Genau – ich

Hier überreiche ich gerade einen Preis an NSYNC. Irgendwie werde ich bei diesen Preisverleihungen immer etwas nervös, aber es hat Spaß gemacht, mal wieder gemeinsam mit meinen alten Freunden auf der Bühne zu stehen.

musste schließlich beweisen, dass ich tatsächlich mit diesen legendären Sängerinnen im selben Raum war. In ihrer Nähe kam ich mir vor wie ein total übergeschnappter NSYNC-Fan. Vor lauter Nervosität plapperte ich nur noch irgendwelchen Blödsinn. So viel also zu Miss Abgeklärt. Jedes Mal wenn ich jemanden treffe, der einen Star kennen gelernt hat, frage ich sofort: »Wie sind die so? Sind sie wirklich so nett?« Bis jetzt waren alle Leute, die ich im Musikgeschäft getroffen habe, absolut super. Wenn mir vor zehn Jahren jemand gesagt hätte, ich würde eines Tages Mariah kennen lernen, dann hätte ich ihn für komplett verrückt erklärt! Zu Ehren von Cher habe ich bei den World Music Awards »The Beat Goes On« gesungen und eine lange schwarze Perücke getragen. Hinterher kam sie zu mir und sagte: »Ich liebe dich, Mädchen!« Könnt ihr euch vorstellen, dass Cher *mir* sagt, mein Gesang hätte ihr gefallen? Junge, Junge, das ist echt zu abgefahren! Aber es ist wirklich passiert, und manchmal frage ich mich schon: »Was habe ich eigentlich getan, um das zu verdienen?«❈

*Kneift mich mal ganz fest — das bin ich mit Ricky Martin und Celine Dion!*

# Sehen und Gesehen werden

Brit versucht wirklich, sich nicht allzu sehr von den Stars beeindrucken zu lassen, aber manchmal haut es sie trotzdem fast um. Als sie Whitney und Mariah kennen lernte, hätte sie fast der Schlag getroffen. Das Lustige daran ist, dass mich Britney selbst immer ganz erstaunt ansieht, wenn sie selbst von aufgedrehten, verlegenen Fans belagert wird, so in der Art: »Ich kapier das nicht – das bin doch bloß ich.« Sie kann sich überhaupt nicht selbst als Star sehen. Damit werden wir noch einige Probleme bekommen. Niemand kann es so recht fassen, wenn sich etwas Wundervolles in seinem Leben ereignet. Deswegen hat Brit auch einen solchen Einfluss auf junge Leute, glaube ich, schließlich war sie selbst ein ganz normales kleines Mädchen, das in irgendeiner amerikanischen Kleinstadt aufwuchs. Sie hat es sehr weit gebracht und trotz ihrer Jugend schon so viel erreicht. Es gibt Britney-Puppen, Poster, Kühlschrank-Magneten, T-Shirts – alles, was ihr wollt. Brit denkt nicht viel darüber nach. Sie hat schon ganz vergessen, dass sie als kleines Mädchen auch die Wände ihres Zimmer mit Postern berühmter Stars tapeziert hat. Ich glaube, sie würde ohnmächtig umkippen, wenn sie Tom Cruise begegnen würde.

Ich gebe ja zu, mir wurde es auch etwas mulmig bei dem Gedanken, gekrönte Häupter persönlich kennen zu lernen. Prinz William ist ein großer Fan von Britney und lud uns ein, ihn in London zu besuchen. Meine Freundinnen und ich konnten uns einfach nicht beruhigen: Wir waren in den Buckingham Palace eingeladen worden! Als wir dort waren, haben wir ihn aber leider nicht gesehen, denn er war auf einer Fuchsjagd und hat es nicht geschafft, rechtzeitig zurück zu sein. Aber seither schreiben er und Britney sich Briefe, obwohl sie in der Regenbogenpresse ja schon so gut wie verheiratet sind. Darüber lachen wir nur, das ist ganz einfach Quatsch. Wie kommen die nur immer auf solche Ideen? ❀

# Zuhause ist dort, wo das Herz ist

Ich müsste lügen, wenn ich behaupten wollte, dass es keine Nachteile mit sich bringt, berühmt zu sein. Ich reise zwar gerne, aber es fällt mir schwer, mich von den Menschen zu trennen, die ich liebe. In letzter Zeit fehlt mir meine kleine Schwester Jamie Lynn sehr. Sie wird langsam älter und macht diese ganzen typischen Mädchenprobleme durch, und ich wünschte, ich könnte ihr dabei ein bisschen unter die Arme greifen, bei ganz alltäglichen Dingen. Sie turnt, und ich könnte ihr beim Handstand helfen. Ich wäre auch gerne mehr für Tante Sandra da gewesen, als sie ihre Operationen und die Chemotherapie durchstehen musste. Aber alle verstehen, dass das nicht geht. Ich tue, was ich tun muss, und irgendwie schaffen wir es schon. Manchmal lasse ich Mama mit dem Flugzeug abholen, damit wir uns sehen können, und alle sechs Wochen fahre ich nach Hause. Wenn ich in diesem Sommer auf Tournee gehe, habe ich an den Wochenenden immer frei, damit ich meine Familie und meine Freunde häufiger sehen kann. Kentwood ist mein Zuhause, an dem ich mit ganzem Herzen hänge. Ich weiß, das klingt ziemlich kitschig, aber dort bin ich nun mal am glücklichsten und kann mich genauso geben, wie ich bin. Natürlich müssen wir es jetzt geheim halten, wenn ich zu Hause bin, wenn wir nicht wollen, dass sich plötzlich neun Millionen Menschen vor unserer Eingangstür drängeln. (Obwohl Mama sie wahrscheinlich alle zum Kaffee einladen würde, wenn ich ihr freie Hand ließe.) ❈

# Weit entfernt

Es ist nicht leicht für mich, wenn Britney nicht da ist. Ich habe sehr viel zu tun, und wir telefonieren täglich miteinander. Nicht, dass ich mir Sorgen um sie mache, ich weiß genau, sie ist mit anständigen Leuten unterwegs, die auf sie aufpassen, aber sie fehlt mir jeden Tag. Ich vermisse ihr Lachen (ich schwöre, sie lacht über jeden Witz, auch wenn sie ihn nicht versteht) und ich vermisse es, morgens ihren zerzausten Pferdeschwanz zu sehen. Mir fehlt unser Herumlümmeln auf der Couch und die Frauengespräche beim Kaffee. Jedes Mal, wenn ich an ihrem Zimmer vorbeikomme und ihre Puppensammlung sehe, gibt es mir einen Stich ins Herz: Gott, ich wünschte, sie wäre noch ein kleines Mädchen, das ich in den Armen halten kann oder das auf meinem Schoß auf und ab hüpft! Es ist schon komisch, die meisten Mütter müssen erst mit der Trennung fertig werden, wenn ihre Kinder anfangen zu studieren. Bei Brit musste ich so oft damit klar kommen, dass sie nicht bei mir war. Ich breche immer noch jedes Mal in Tränen aus, wenn ich sie zum Flughafen bringe. Ich kann nicht anders, der Abschied fällt mir immer wieder schwer. Dein Kind ist dein Kind, egal, wie alt es ist, selbst dann noch, wenn es eigene Kinder hat. Aber ich muss zulassen, dass Brit ihren Träumen folgt, wo immer sie sie auch hinführen mögen, auch wenn sie dafür bis zum anderen Ende der Welt gehen muss. Wenn man jemanden wirklich liebt, muss man ihm Flügel zum Fliegen geben… ❈

# Die Party-Szene

Ich bin ein solcher Partymuffel, dass es manchmal schon richtig peinlich ist. Die Leute sagen: »Komm, Brit, wir unternehmen was«, und ich sage: »Danke, heute nicht. Ich nehme lieber ein heißes Schaumbad und gehe schlafen.« Ich kann gar nicht genug Schlaf kriegen – jeden Mittag muss Fe mich mehr oder weniger aus dem Bett zerren, denn die viele Arbeit schlaucht mich ganz schön. Kaum hat mein Kopf das Kissen berührt, bin ich auch schon im Tiefschlaf.

Mir gefällt diese ganze Szene nicht besonders; ich fühle mich manchmal ausgesprochen unwohl. Ich war schon öfter in Clubs, wo die Leute viel trinken und Drogen nehmen, und dann kriege ich sofort Zustände und sage: »Ich will hier raus!« Ich mag dieses Benehmen nicht, es ist so was von daneben.

Die Regenbogenpresse macht es noch schlimmer. Ständig wollen sie mich irgendwo gesehen haben oder hängen mir Verabredungen mit irgendjemandem an, den ich noch nicht mal kenne. Das ist echt bescheuert, denn ich gehe gar nicht oft aus. Wer hat schon so viel Zeit, sich mit all den Typen zu treffen, mit denen man mich schon verkuppeln wollte? Ich beachte die Presse kaum noch, denn das meiste, was da geschrieben wird, stimmt sowieso nicht, aber manchmal tut es trotzdem weh, und meine Familie und meine Freunde machen sich dann Sorgen – besonders meine Mutter. Sie nimmt alles sehr persönlich. Ich sage dann nur: »Ist doch alles Quatsch...«, es sei denn, die Zeitungen schreiben etwas, das ich für gefährlich halte. Es gibt viele Mädchen, die zu mir aufschauen, und ich fände es schrecklich, wenn sie irgendetwas Dummes tun würden, weil sie glauben, ich mache das auch. Ich wünschte, die Presseleute wären manchmal etwas verantwortungsbewusster und würden daran denken, dass ihre Artikel Folgen haben. ❖

# Grausame Absichten

Es macht mich völlig fertig, wenn jemand auf Britney herumhackt. Ich stehe meiner Tochter sehr nahe, fühle dasselbe wie sie, und manchmal ist sie wirklich verletzt, das kann ich Ihnen sagen. Ich verstehe einfach nicht, warum sich die Leute so hässliche Geschichten ausdenken und Britney so schonungslos kritisieren. Ich nehme an, manche Menschen sind einfach neidisch auf den Erfolg anderer und glauben, sie müssten sie kleiner machen, wenn sie zu groß werden. Dabei vergessen sie immer wieder, dass Britney Spears nicht nur auf der Bühne steht, sondern auch ein Mensch mit Gefühlen ist. Sogar mehr als das. Sie ist noch sehr jung, sensibel und verletzlich und braucht besonders viel Lob und Zuneigung, genau wie jedes andere Kind. Bei manchen Artikeln in der Regenbogenpresse hat man das Gefühl, die ganze Welt sei gegen einen. Leider mussten wir auf unangenehme Weise lernen, dass man nur noch mehr Aufmerksamkeit auf sich lenkt, wenn man diese Geschichten abstreitet. Ab und zu muss man es eben einfach ertragen.

Ich ziehe mich
gerne schick an,
aber genauso gerne
hänge ich ganz locker
auf dem Sofa ab. Es ist
ziemlich anstrengend,
den ganzen Tag zu
singen und zu
tanzen.

Ich kann nicht alle Kämpfe für Britney ausfechten. Obwohl ich es gerne täte, wäre es nicht richtig, denn sie muss lernen, für sich selbst zu sprechen. Genauso, wie es an jeder Schule einen Rüpel gibt, der Ihr Kind immer wieder verprügelt. Am liebsten würden Sie sich den Bengel mal so richtig vorknöpfen, aber das geht nicht. Sie müssen mit Ihrem Kind darüber reden, ihm vielleicht bei einer Konfrontation beistehen (oder mit dem Lehrer oder der Mutter des Raufbolds sprechen.) Ich würde meinen Kinder immer sagen, dass sie Mitleid mit den Leuten haben sollen, die auf anderen herumhacken. Solche Menschen sind so neidisch und unsicher, dass sie andere kleiner machen müssen, um in ihren eigenen Augen größer zu werden. Es ist wirklich erbärmlich.

Neid ist ein schreckliches Gefühl, weil er so zerstörerisch ist. Ganz gleich, wie wenig wir hatten oder was für schwierige Zeiten unsere Familie durchmachte, ich war nie neidisch auf andere Leute, die mehr hatten. Ich freute mich für sie und wünschte ihnen alles Gute. Meine Kinder haben sich gegenseitig immer unterstützt, weder Jamie Lynn noch Bryan sind neidisch auf Britneys Erfolg. Sie lieben sie, freuen sich für sie und sind schrecklich stolz. Meine Kinder werden nur dann eifersüchtig, wenn sie das Gefühl haben, ich würde eines von ihnen bevorzugen. Bry sagt immer: »Du kümmerst dich nur um Britney«, und Britney sagt immer: »Du verpäppelst Bryan total.« Was Jamie Lynn betrifft, nun, die fordert rund um die Uhr meine Aufmerksamkeit und quengelt, wenn sie sie nicht bekommt! Dabei liebe ich doch alle drei von ganzem Herzen. ✿

»Ich habe irgendwie damit gerechnet, dass Britney eines Tages berühmt werden würde — aber doch nicht so bald. Ich dachte immer, sie würde vielleicht mit fünfundzwanzig ihr erstes Album veröffentlichen, aber sie hat unsere höchsten Erwartungen noch übertroffen. Sie hat unser Leben völlig verändert.«

– Bryan Spears, Britneys großer Bruder

# Der Druck wächst

Die Leute wollen oft wissen, ob ich Angst habe, dass meine Karriere nicht von Dauer sein könnte. Eigentlich nicht. Beim nächsten Album stehe ich natürlich ziemlich unter Druck, zu beweisen, dass ich es noch einmal schaffe. Mein erstes Album hat sich allein in Amerika mehr als elf Millionen Mal verkauft. Das ist schwer zu übertreffen. Aber seht euch nur mal die Backstreet Boys an. Die Kritiker haben gesagt: »Das sind ja nur Eintagsfliegen«, aber ihr zweites Album war genauso gut wie das erste. Im Grunde kommt es nur auf die Musik an: Hinter mir steht ein tolles Team von Textern, Musikern und Produzenten, und die schreiben für mich am laufenden Band geniale Songs. Außerdem denke ich: Wenn deine Fans dich mögen, dann wollen sie, dass du besser wirst und lassen dich nicht im Stich. Weswegen soll ich mir also Sorgen machen? Ich weiß genau, dass ich die besten Fans auf der ganzen Welt habe! ✿

# Endlose Interviews

Arme Brit. Was sie wahrscheinlich am meisten verabscheut, ist, über sich selbst zu reden (das ist wieder die Schüchternheit des kleinen Mädchens), aber weil sie jetzt eine Persönlichkeit ist, die im Rampenlicht steht, wird einfach von ihr erwartet, dass sie in Talkshows auftritt und mit jedermann plaudert, von Diane Sawyer bis zu Rosie O'Donnell. Am schwersten fallen ihr die Frühstücks-Sendungen wie *Good Morning America* und *The View*. Brit ist alles andere als ein Frühaufsteher (wenn Sie bis drei Uhr morgens im Studio wären, ginge es Ihnen vermutlich auch nicht anders). Sie muss sich wirklich anstrengen, um so früh am Morgen bei Stimme zu sein. Sie sitzt dann hinter der Bühne und gibt komische Heul- und Schreigeräusche von sich, bis sie sich etwas aufgewärmt hat. Das sind ihre ganz persönlichen Stimmübungen. Man kann es nicht beschreiben, es hört sich auf jeden Fall entsetzlich an! Aber jeder muss das tun, was ihm am besten hilft.

Brit sieht sich auch nicht gerne selbst im Fernsehen. Sie ruft mich immer an und sagt: »Was habe ich gesagt? Ich war so nervös, ich weiß überhaupt nicht mehr, was ich geantwortet habe, als mir Joy Behar diese Frage über Präsident Clinton gestellt hat!« Keine Sorge! Wir sind immer stolz auf sie. ✿

# Der Preis des Ruhms

Vor einiger Zeit waren Fe und ich bei MTV in New York, und die Fans bedrängten uns so heftig, dass wir total wir in der Menge eingekeilt waren. Sie drängten uns gegen eine Mauer. Das war sehr beängstigend. Keiner wollte uns weh tun, aber wir hätten in dem Gedränge zerquetscht werden können. Seither haben wir Big Rob, der für unsere Sicherheit sorgt. Er sieht ziemlich Furcht erregend aus, aber mir gegenüber benimmt er sich wie ein großer, freundlicher Teddybär. Zuerst fiel es mir schwer, mich daran zu gewöhnen, dass uns ständig jemand folgt. Ich bin lieber allein unterwegs und gehe, wohin ich will und wann ich will. Aber ich weiß, dass ich manchmal Robs Schutz brauche, und inzwischen ist er für mich eher ein Freund als ein Leibwächter. Als Star kann man sich nicht mehr so frei bewegen wie normale Menschen. Man kann nicht schnell mal einkaufen gehen oder die Straße entlangspazieren. Wenn ich jetzt zu Hause einfach ins Einkaufszentrum gehen würde, gäbe es wahrscheinlich einen Menschenauflauf. Im Showgeschäft muss man seine Freiheit opfern, aber das ist nur ein kleiner Preis für all das Schöne. ❋

# Höhen und Tiefen

Es ist wunderbar, wenn man seine Ziele erreicht und stolz auf sich sein kann. Aber das heißt nicht, dass immer alles glatt läuft, sobald man Erfolg hat. Die meisten Leute denken, jetzt beginnen paradiesische Zeiten, und erleben dann eine große Enttäuschung. Man muss realistisch und vernünftig bleiben. Niemandes Leben verläuft ohne Probleme, wie reich oder berühmt man auch sein mag. Wir sind alle nur Menschen! Natürlich möchten Sie Ihr Kind ermuntern, damit es Erfolg hat, aber Sie sollten es auch freundlich davor warnen, dass Erfolg nicht alles ist und dass er eigene Probleme mit sich bringt. Brit muss ich nie daran erinnern, weil sie fest mit beiden Beinen auf der Erde steht und weiß, dass nur die Menschen wirklich zählen, nicht die Dinge. Aber nachdem wir jetzt eine Weile in diesem Geschäft sind, haben wir gesehen, wie der Erfolg Menschen verändern kann. Er kann ihnen zu Kopf steigen (Brit verabscheut hochnäsige Leute), er kann sie zerstören (besonders, wenn er scheinbar über Nacht verschwindet und man nicht damit gerechnet hat). Ich glaube, es ist wichtig, dass Sie Ihr Kind auf die Konsequenzen des Erfolgs vorbereiten. Sagen wir mal, es will einen Wettbewerb an der Schule gewinnen; dann den Landeswettbewerb; dann die bundesweiten Ausscheidungen. Das ist ein hoch gestecktes Ziel, aber versteht Ihr Kind auch, dass Siege es ins Rampenlicht stellen werden (alle möglichen Zeitungs- und Fernsehreporter), dass andere Kinder in der Schule ihm vielleicht die kalte Schulter zeigen werden und dass es mehr Druck wird aushalten müssen, als es sich je hätte träumen lassen? Erklären Sie es Ihrem Kind genau: »Kleines, so könnte es dann kommen, also sei auf jeden Fall darauf gefasst.« Versichern Sie Ihrem Kind, dass Sie immer zu ihm halten werden, egal, was passiert. ❋

Dieses Jahr hatte ich wirklich viel Spaß. Ich traf mich oft mit Melissa Joan Hart, dem Star von »Sabrina — Total verhext«. Ich bin einmal in ihrer Sendung aufgetreten, und sie ist in meinem »Crazy«-Video mit von der Partie.

Ich fühle mich viel besser, seit ich weiß, dass Big Rob Brit auf ihren Tourneen begleitet.

Hier ist Britney im Studio, bei den Aufnahmen zu ihrem ersten Album. Sie findet es wunderbar, Platten zu machen, und ich weiß, dass sie noch große Pläne für ihre Zukunft als Sängerin hat.

*Ausblick in die Zukunft*

# Sie hat's wieder geschafft

Wie gesagt, weder Brit noch ich sind Menschen, die viel planen. Aber Hoffnungen und Träume sind auf ihre Art natürlich auch Pläne. Sie sind Zukunftsvisionen, die man zu verwirklichen versucht. Es ist wichtig, dass Sie Ihr Kind ermuntern, über seine Zukunft nachzudenken. Natürlich brauchen Sie deswegen keine Checkliste aufzustellen, aber macht es nicht einfach Spaß, sich vorzustellen, wie es weitergehen könnte? Brit hat viele Träume. Man könnte meinen, dass sie jetzt, wo sie so viel Erfolg hat, damit aufhören würde, aber von wegen!

Jeden Tag eröffnen sich für sie neue Möglichkeiten: Filmangebote, Duette, Auftritte, Einladungen. Es ist schwer, sich zu entscheiden, und noch schwieriger, neue Verpflichtungen in einen vollen Terminplan einzubauen. Britney möchte gerne in einem Film mitspielen, vielleicht in einem Film über Jugendliche, das würde ihr Spaß machen und wäre auch passend für ihr Alter. Zusammen mit ihrer Freundin Melissa Joan Hart hatte sie einen Auftritt in *Sabrina – Total verhext*, und es wurde auch über einen Gastauftritt in ihrer Lieblingsserie *Dawson's Creek* geredet. Man wollte ihr dort eine Rolle geben, aber Brit hatte keine Zeit (sie drehte gerade ihr Video). Die Produzenten ließen sie wissen, sie seien immer noch interessiert, vielleicht klappt es ja beim nächsten Anlauf.

Ihr zweites Album wird noch besser als das erste – und aus mir spricht nicht nur die stolze Mutter. Alle, die es gehört haben, sind meiner Meinung. Ich habe Brits neue Single »Oops!...I Did It Again«,zum ersten Mal gehört, als ich bei unserem Verleger in New York City an diesem Buch arbeitete. Brits Manager, Larry Rudolph, kam vorbei und spielte es mir auf einem Ghetto-Blaster vor. Mit angehaltenem Atem wartete ich gespannt auf die Reaktion der anderen im Büro. Sie klopften mit den Füßen den Takt und fanden es wirklich toll. Ich weiß auch nicht, warum, aber wenn ich zum ersten Mal eines ihrer Lieder höre, bin ich immer schrecklich nervös. Dieses Lied gefiel mir von Anfang an, ich finde, es hat einen umwerfenden Rhythmus und Brits Stimme ist fantastisch. Aber ich kriege immer feuchte Hände, denn ich weiß genau, wie hart sie arbeitet, und ich will, dass sie unglaublich gut klingt.

Ich weiß, dass Brit bei »Oops!« ziemlich aufgeregt war. Wenn ich sie frage, wie ihr das Lied gefällt, erwidert sie meistens: »Weißt du, es ist gut, wirklich gut.« Diesmal sagte sie: »Mama, das ist wirklich das *Größte*!« Und besser geht es ja wohl nicht, oder?

Britney liebt es, kreativ zu sein und vergisst darüber oft, wie hart sie arbeitet. Ich glaube, sie betrachtet es gar nicht als Arbeit, sondern als reine Freude. Aber auch wenn ein Album »ins Bett gebracht worden ist« (wie Brit sich ausdrückt), ist die Angelegenheit damit noch nicht erledigt. Das Video muss gedreht werden, sie muss Werbung dafür machen und auf Tournee gehen. Zusätzlich zu den Werbeauftritten für das neue Album werden wir auch über unser Buch reden. Ich muss zugeben, dass ich auch aus diesem Grund daran mitgeschrieben habe – ich wollte einfach mit Brit zusammen sein. ❊

Ich kann es kaum abwarten, neue Videos für mein neues Album »Oops!... I Did It Again« zu drehen. Hier seht ihr mich mit Melissa Joan Hart bei den Dreharbeiten zum »Crazy«-Video aus »...Baby One More Time.«

*Wenn Mama und ich zusammen sind, können wir uns w zwei richtige Mädchen anstellen. Wir fanden total toll, uns die ganze Geschenke anzusehen, ich zu meinem achtzehn ten Geburtstag bekommen hatte.*

# One More Time

Ich kann es kaum fassen, dass ich schon meine zweite CD herausbringe! Mir kommt es vor, als hätte ich mein erstes Album erst gestern aufgenommen. Die Zeit ist so schnell verflogen, und ich weiß genau, dass das nächste Jahr noch arbeitsreicher wird als die beiden letzten. Mein neues Album kommt am 16. Mai heraus, und meine Tournee startet im Juni. Wir treten in Amerika in fünfundfünfzig Städten auf. Das Beste daran ist, dass meine ganze Truppe mit dabei ist: Big Rob, Fe und mein zweiter Manager Johnny Wright, der die Tournee und die Auftritte betreut, während sich Larry um den geschäftlichen Teil kümmert. Wir haben acht Tänzer, fünf Musiker und dazu noch die Crew. Alles in allem sind wir dreiunddreißig Personen. Das sind eine Menge Menschen, die in einen Bus gestopft werden müssen. Ich weiß, es hört sich nicht übermäßig bequem an, mit dem Bus durch die Gegend zu schaukeln, aber es ist toll. Wie eine große Schlummerparty! Wir haben Etagenbetten; die sind total luxuriös, und das Schlafen (mein Hauptinteresse) ist kein Problem.

Stilistisch gesehen gleicht mein zweites Album meinem ersten. Jede Menge Popmusik, bei der man sich gut fühlen und tanzen soll. Aber wartet nur ab, bis die dritte CD herauskommt. Ich glaube, die wird etwas anders werden, kreativ gesehen eher eine Herausforderung an mich. Ob ihr's glaubt oder nicht, ich sehe meine Zukunft mehr in Balladen und Rhythm'n'Blues (das ist eigentlich eher mein Sound). Ich schreibe auch selbst Songs (ich hatte schon ein ganzes Buch voller Texte, aber Jamie Lynn hat es geklaut und rückt es nicht raus), die ich gerne aufnehmen möchte.

Außerdem möchte ich wirklich einen Film drehen. Es hat mir Spaß gemacht, bei *Ruthless!* oder beim *Mickey Mouse Club* mitzuspielen, und meine Fans sollen mich auch von dieser Seite kennen lernen. Ich warte auf *das* Projekt, dass mich sofort mitreißt. Ich werde es schon erkennen, wenn es mir über den Weg läuft. So war es schon immer, und mein Instinkt hat mich noch nie im Stich gelassen.

Viele Journalisten fragen mich, was ich mit all dem Geld anfangen will, und ich antworte immer dasselbe: Ich denke, ich werde es sparen, bis ich es einmal wirklich brauchen kann. Vielleicht kommen auch einmal Regentage. Meine Familie hat schon so manchen Regentag erlebt, sogar ein paar heftige Gewitter; also bin ich lieber vorsichtig.

Mein Erfolg ist nicht über Nacht gekommen, deswegen wusste ich ihn umso mehr zu schätzen. Ich kann nicht begreifen, warum manche Stars ein Vermögen für schicke Autos, Klamotten und Schmuck zum Fenster hinauswerfen. Sogar als Trillionärin käme ich nie auf den Gedanken, mir eine Yacht zuzulegen. Ich würde schöne Dinge für meine Familie und meine Freunde kaufen. Mama steht ganz oben auf der Liste. Sie ist die Beste, denn sie hat immer zuerst an uns Kinder gedacht. Daran hat sich nichts geändert. Sie ruft mich immer noch ganz betreten an, wenn sie sich eine teure Hose gekauft hat, bloß weil sie ihr gefallen hat. Sie sagt: »Weißt du, Britney, ich brauche die Hose eigentlich nicht, ich hätte es bleiben lassen sollen!« So sind wir alle, denn wir hatten noch nie Geld oder irgendetwas anderes im Überfluss. Ich erinnere mich noch gut daran, wie schwer es manchmal war, und wie mies es uns ging, wenn der Kühlschrank fast leer war und das Auto ständig stehen blieb. Also bin ich zehn Mal so dankbar für das, was ich jetzt verdiene und für die Sicherheit, die uns dieses Geld gibt. Hoffentlich wird es in unserem Leben nie wieder Zeiten geben, in denen wir die Rechnungen nicht bezahlen können.

In diesem Jahr haben wir damit angefangen, ein neues Haus für Mama zu bauen, auf einem dreitausend Quadratmeter großen Grundstück in Kentwood. Ich habe ihr auch ein neues Auto gekauft. *Das* Gesicht hättet ihr sehen sollen, als ich ihr zu Weihnachten die Schlüssel zu einem auf Hochglanz polierten neuen Mercedes überreichte. Ich freue mich so wahnsinnig, dass ich das für sie tun kann, obwohl es ihr schwer fällt, ein Geschenk anzunehmen. Sie sagt: »Brit, du musst mir nichts zurückzahlen. Dafür sind Mütter doch da.« Natürlich *muss* ich nicht, aber ich *möchte* gerne. Meinen Geschwistern geht es genauso: Bryan sorgt jeden Sonntagmorgen dafür, dass Mama frisch gebackene Kekse vom Bäcker bekommt und Jamie verkündet jetzt schon, dass sie für Mama den Mond und die Sterne kauft, sobald sie erst reich und berühmt ist! ❀

# Geben ist seliger denn Nehmen

Ich habe bei der Erziehung meiner Kinder immer darauf geachtet, dass sie wissen, wie wichtig es ist, großzügig und freigiebig zu sein, und jetzt kann ich voller Stolz sagen, dass sie nicht mehr daran erinnert werden müssen. Besonders für Kinder hat Brit ein Herz. Dieses Jahr, kurz vor Weihnachten, besuchte sie das Kinderkrankenhaus in Baton Rouge (ihre Freundin Cindy arbeitet dort in der Onkologischen Abteilung). Sie besuchte all die todkranken Kinder, schenkte ihnen Teddybären und Puppen und spielte mit ihnen. Dann fragte man sie, ob sie auch auf die Station für die Schwerstkranken gehen wollte und, Gott segne sie, Britney sagte »Ja, sicher«, ohne zu ahnen, was da auf sie zukam. Man führte sie zu einem kleinen Jungen, gerade drei Jahre alt, der da zwischen all diesen Maschinen und Schläuchen lag und kaum noch atmete. Seine Eltern standen an seinem Bett, hielten sich an den Händen und beteten dafür, dass ihr Sohn Frieden finden möge. Brit brach in Tränen aus und lief auf die Toilette. Ich folgte ihr, um zu sehen, wie es ihr ging. Sie sagte: »Mama, es tut mir so Leid. Ich hätte nicht vor den Eltern des Kleinen weinen sollen.« Sie ging wieder zu dem Jungen, entschuldigte sich, und das Ehepaar war von ihrem Verhalten sehr gerührt. Dann setzte sich Brit an das Bett des Jungen, hielt seine Hand, lächelte und setzte für ihn ein tapferes Gesicht auf.

In New York gibt es einen sechsjährigen Jungen, der sagt, er sei Brits größter Fan. Er hat Leukämie und hätte eigentlich schon um Weihnachten herum sterben müssen, so schlecht ging es ihm. Brit telefoniert mit ihm und schreibt ihm Briefe, und in den Ferien hat sie ihn besucht. Würden Sie mir glauben, dass seine Blutwerte kurz darauf besser wurden? Die Ärzte hielten es einfach nicht für möglich. Er hält immer noch durch, es ist wie ein Wunder. Britney trägt immer sein Bild bei sich. Sie sagt, es erinnert sie daran, wie kostbar das Leben ist, und warum sie ein besonderes Talent hat. Sie kann anderen damit helfen.

In diesem Sommer eröffnet sie ein Ferienlager für Kinder aus den Ghettos der Großstädte und unterstützt das St. Jude's Kinderkrankenhaus. Ich kenne Britney; das ist erst der Anfang. Sie hat noch viel vor.

Ich bin stolz auf alles, was meine Tochter tut, aber es erfüllt mich mit besonders großem Stolz, dass sie ein so guter, warmherziger Mensch ist. Ich glaube, man kann einem Kind nur beibringen,

*Ich habe meine Kinder immer gelehrt, anderen, die nicht so viel Glück haben, beizustehen, und das hat sich Britney sehr zu Herzen genommen. Hier gibt sie mit Johnny Wright (links) und Larry Rudolph (rechts) eine Pressekonferenz zu ihren wohltätigen Aktivitäten.*

großherzig zu sein, indem man selbst mit gutem Beispiel vorangeht. Ich habe immer in unserer Gemeinde und in der Kirche geholfen und meine Kinder dabei mitgenommen. Ich glaube, wir alle sind Kinder Gottes und verdienen dasselbe Maß an Liebe und Unterstützung. Manche haben mehr und andere weniger, manche sind gesund, andere krank. Aber vor Gottes Augen sind wir alle gleich. Meine Schwester Sandra hat einen autistischen Sohn, und ich glaube, er hat uns alle gelehrt, unsere Herzen zu öffnen und Mitgefühl zu zeigen. Ich weiß, dass Britney ihn liebt und immer versucht, zu ihm vorzudringen. Sie fand nicht, dass etwas mit ihm nicht stimmte. Sie fand ihn nur ein bisschen anders als die anderen.

Wenn ich Brit jetzt sehe, wie sie ein kleines Kind umarmt, dem nach einer Chemotherapie die Haare ausgefallen sind, oder einem Kind, das bald sterben muss, sagt, es soll keine Angst haben und stark sein, dann weiß ich, dass ich meine Aufgabe als Mutter erfüllt habe. ❀

Ich mache mir gerne Gedanken über meine Zukunft. Warum auch nicht? In meinem Leben gibt es so viele wunderbare Menschen, meine Familie, meine Freunde, meine Tänzer und meine Manager. Und der wichtigste Mensch in meinem Leben ist meine Mutter, die immer für mich da sein wird.

# Kummer lindern

Es ist ein unglaubliches Gefühl, das Leben anderer Menschen verändern zu können – vielleicht sogar noch unglaublicher als das, was ich bei meinen Auftritten fühle. Meiner Meinung nach gehört das zu den schönsten und verantwortungsvollsten Aufgaben eines Stars. Wenn man die Dinge zum Besseren wenden und ein wenig Sonnenschein in das Leben anderer Menschen bringen kann, dann möchte man am liebsten nichts anderes mehr tun. Aber das geht leider nicht. Der Tag hat nur vierundzwanzig Stunden. Manchmal bittet mich jemand, ihn im Krankenhaus zu besuchen, aber er ist zu weit von uns entfernt. Dann habe ich ein schlechtes Gewissen. Wir bekommen so viele Briefe, so viele Anfragen, dass es mir das Herz bricht. Ich versuche, so viel zu tun, wie ich nur kann. In Zukunft möchte ich sogar noch mehr tun. Es gibt viele Aktionen und Projekte, an denen ich mich persönlich beteiligen will. Ich könnte einfach Geld spenden, aber das ist irgendwie zu wenig. Ich möchte mehr von mir selbst geben, und ich habe allen im Team gesagt, dass wir dafür einfach mehr Zeit einplanen müssen, weil es mir so wichtig ist. Ich glaube, Gott hat mich für diese Aufgaben erwählt, als ich erfolgreich wurde. ❀

# Preise

Brit ist in letzter Zeit mit vielen Auszeichnungen und Nominierungen bedacht worden (Billboard, MTV Europe, the People's Choice, American Music Award, Grammys). In unserem neuen Haus werde ich ein ganzes Zimmer allein dafür benötigen, ihre Preise aufzustellen (und Jamie Lynn bringt inzwischen auch schon Trophäen nach Hause). Gewinnen ist nicht alles, aber es ist ein schönes Gefühl, wenn Kollegen und Publikum die eigenen Leistungen würdigen. Ich verfolgte die American Music Awards im Fernsehen, bei denen Brit als beste neue Plattenkünstlerin in der Sparte Pop nominiert wurde, und ich sagte in Gedanken immer und immer wieder: »Lass sie gewinnen, lass sie gewinnen, lass sie gewinnen.« Vermutlich hat Gott mich gehört, denn Britney hat tatsächlich gewonnen. Ich war so glücklich, ich hätte am liebsten selbst einen Rückwärts-Überschlag gemacht! Ich bin fest davon überzeugt, dass sie im Lauf ihrer Karriere noch viele Auszeichnungen entgegennehmen wird, aber es kommt vor allem darauf an, dass sie jeden Augenblick ihres Lebens genießt. Sie ist so jung und hat noch ihr ganzes Leben vor sich. Nur der Himmel ist die Grenze. Brit hat mich gebeten, sie zu den Grammy Awards zu begleiten. Ich war völlig aus dem Häuschen deswegen. Ihr zuliebe versuchte ich, gefasst und locker zu wirken, ich wollte nicht, dass Brit merkte, wie aufgeregt ich war, denn dann hätte ich sie sofort angesteckt. »Britney«, sagte ich zu ihr »was geschehen muss, geschieht. Und es gibt immer ein nächstes Mal.«

Ich möchte keine Vorhersagen bezüglich Britneys Zukunft abgeben. (Ich habe meine Kleine nie unterschätzt!) Es war alles ihre Entscheidung. Aber ich bete dafür, dass sie glücklich ist. Ich sage immer zu ihr: »Brit, ich bin so stolz auf dich.« Wenn sie morgen ihre Karriere aufgeben und stattdessen beschließen würde, zehn Kinder auf einer Farm in Louisiana großzuziehen, wäre ich nicht weniger stolz auf sie. Ehrlich gesagt wäre ich begeistert, wenn sie nach Hause zurückkäme.

Ich denke, unsere Beziehung wird sich verändern. Brit ist bald erwachsen, und eines Tages wird sie ihre Mama nicht mehr so nötig brauchen wie früher. Vielleicht ist es sogar jetzt schon so weit! Aber das ist in Ordnung, denn so soll es sein. Wir werden neue Gesprächsthemen finden, neue Erfahrungen machen, die wir miteinander teilen können. Bin ich traurig, dass meine Kleine plötzlich so groß geworden ist? Sicher, schließlich weiß ich noch genau, wie ich ihre Windeln gewechselt und sie in den Armen gehalten habe. Aber ich kann es kaum erwarten, bis auch sie endlich diese wunderbare Liebe empfindet (was voraussetzt, dass sie erwachsen sein muss). Jede Mutter sieht mit gemischten Gefühlen zu, wie ihre kleine Tochter zur Frau wird. Das ist ganz natürlich. Das Geheimnis besteht darin, eine neue Beziehung zu entwickeln, nicht mehr als Tochter und Mutter, sondern als Freundinnen. Zeit, Entfernung und Veränderungen müssen nicht dazu führen, dass man sich einander entfremdet. Sie können die Beziehung sogar noch vertiefen. �֍

# Wurzeln schlagen

Vielleicht kommt einmal der Tag (aber das wird noch sehr lange dauern!), an dem mir das Auftreten nicht mehr alles bedeutet und ich eine Familie gründen will. Ich weiß, dass es in meinem Leben immer Musik geben wird, ob ich nun singe, schreibe oder produziere, aber ich glaube, wenn man eine Familie hat, ist es wichtig, für seine Kinder da zu sein. Es sind die kleinen Augenblicke, die das Leben so einzigartig machen. Ich kenne viele Leute in der Unterhaltungsindustrie, die ihre Kinder mit auf Tournee nehmen. Wenn das klappt, wunderbar, bestens. Aber ich weiß noch genau, wie ich aufgewachsen bin, und ich möchte, dass meine Kinder ein richtiges Zuhause haben und ihre Kindheit nicht im Bus verbringen. Ich möchte für meine Kinder das sein, was Mama für mich ist. (Außerdem wette ich, dass sie bestimmt eine tolle Großmutter ist.)

Alles, was sie mich gelehrt hat – wie man zu einem freundlichen, guten Menschen wird, dass man nie die Hoffnung verlieren darf, auch wenn die Lage völlig aussichtslos erscheint –, will ich eines Tages an meine Kinder weitergeben.

Ich möchte, dass meine Kinder eines Tages dieses Buch lesen und erkennen, wie viel Menschen, insbesondere natürlich meine Mutter, mir geholfen haben. Mit ein bisschen Glück gibt es noch viele Kapitel in meiner Lebensgeschichte. Ich kann es kaum erwarten, sie alle zu füllen.

Und Mama? Ich denke, sie wird mich ermutigen, eine Seite nach der anderen umzublättern. ✖

»Britney hat noch nicht einmal begonnen, der Welt zu zeigen, was sie alles kann.« – Larry Rudolph, Manager

# Fotonachweis

## Arnold Turner

Textteil: 57, 58, 70, 81, 84, 90, 94, 100, 110, 112, 114, 115, 119, 123, 126, 127, 128, 131, 132, 135
Bildteil: 1, 4, 5, 11, 12, 14, 16

## Felicia Culotta

Textteil: 85, 87, 89, 94, 96, 99, 104, 106, 124
Bildteil: 6–7, 9, 13

## Britney Spears und Lynne Spears

Textteil: 6, 7, 9, 16, 18, 23, 24, 28, 30, 31, 34, 39, 40, 41, 42, 43, 47, 49, 50, 51, 52, 61, 62, 64, 69, 72, 76, 77, 82, 92
Bildteil: 2, 3, 6, 8, 9, 10, 11

Raum für persönliche Notizen, Artikel und für
Bilder von Britney

*Raum für persönliche Notizen, Artikel und für*
*Bilder von Britney*

Raum für persönliche Notizen, Artikel und für
Bilder von Britney

*Raum für persönliche Notizen, Artikel und für*
*Bilder von Britney*

_____

Raum für persönliche Notizen, Artikel und für
Bilder von Britney

Raum für persönliche Notizen, Artikel und für
Bilder von Britney